Este não é um livro que contém informações e passos a seguir. É um livro sobre o poder do amor para nos libertar. Danielle não se limita a falar desse assunto nos livros; ela o põe em prática nas ruas. Este livro não fará que você queira ser igual a Danielle — ele o fará querer ser igual a Jesus.

— Bob Goff

Autor de *Love Does* [O amor faz], considerado *best-seller* pelo *New York Times*

Se você está em busca de liberdade em sua vida e anseia por ela, encontre alguém que sinta o que é ser livre e pratique isso. Encontre alguém que entenda que liberdade não é uma solução rápida e barata. Em geral, é difícil, exige sacrifício e disciplina. Encontre alguém que fracassou e se reergueu, que caiu e conseguiu levantar-se, que tenha cicatrizes para provar isso. Alguém que seja compassivo o suficiente para o amar onde você está, mas que o desafie a ponto de não o deixar permanecer no mesmo lugar. Encontre alguém que não pare de esforçar-se para libertar pessoas, porque Danielle descobriu uma notícia boa demais para não ser compartilhada. Ela oferece isso a todos nós e muito mais em *O êxodo definitivo*.

Leia este livro e volte à sua jornada — à jornada da liberdade.

— Jo Saxton

Coapresentador de *Lead Stories Podcast* e presidente do conselho do 3D Movements

Em *O êxodo definitivo*, Danielle Strickland lembra-nos de que Deus invade nossa vida diária e rotineira de uma forma que nos leva a chegar mais perto da verdadeira liberdade. Ela conhece o assunto, claro, porque viveu essa liberdade da maneira mais real que a maioria de nós é capaz de imaginar. Ao contar alguns exemplos de como Deus a tirou da beira do precipício para um êxodo, somos mais uma vez lembrados de que a vida é maior que a travessia do mar Vermelho.

— Reggie Joiner

Fundador e CEO de Orange

O êxodo definitivo borbulha de paixão, compaixão e clareza — traços característicos de Danielle Strickland. O livro aborda algumas das questões mais urgentes, penetrantes e pessoais de nosso tempo, abrindo as portas para a liberdade e maior alegria para todos nós.

— Pete Greig
Autor de livros de grande sucesso, pastor e fundador de 24-7 Prayer

Este é um livro sobre como se libertar e se tornar um seguidor sincero e verdadeiro de Deus — disciplinado e focado; que evangeliza, ora, serve, guarda o dia do Senhor, contribui e crê. E, pelo fato de conhecer Danielle Strickland, posso dizer que o livro foi escrito por uma pessoa com essas características. Você precisa lê-lo.

— Michael Frost
Autor de *Surprise the World* [Surpreenda o mundo]

Danielle Strickland exala a fragrância de Jesus. Em *O êxodo definitivo*, ela nos lembra de que Jesus não veio apenas para transformar pessoas más em boas; ele veio também para libertar os oprimidos e dar vida aos mortos. Trata-se de um belo livro.

— Shane Claiborne
Autor, ativista, cristão com "C" maiúsculo, e pecador redimido

É comum encontrar um livro que seja bom para alguém que você conhece. É raro encontrar um livro que seja bom para *todas as pessoas* que você conhece. Simples, belo e abrangente, *O êxodo definitivo* contém tesouros das experiências de vida de Danielle; a profundidade de suas reflexões espirituais é poética e capaz de transformar vidas. Embora *liberdade* seja às vezes um chavão, esta jornada na metáfora central das Escrituras não é apenas auspiciosa; é também esclarecedora e profundamente cativante. Na leitura deste livro, você terá um vislumbre da beleza do amor de Deus por seus filhos e uma perspectiva de valor inestimável sobre como alcançar a liberdade prometida por Cristo. Este livro é uma preciosidade.

— Ken Wytsma
Pastor, educador e autor de *The Grand Paradox* [O grande paradoxo] e *Create vs. Copy* [Criar *versus* copiar]

Sou total admirador de Danielle Strickland. Além de ser uma das palestrantes de maior destaque em nossos dias, ela é uma testemunha radical de Jesus e uma escritora digna de ser impulsionada. Danielle fala com a autoridade de alguém que vive sua mensagem na agitação e nos tropeços da vida.

— Alan Hirsch

Autor premiado na área de cristianismo missional e liderança

O êxodo definitivo

O êxodo definitivo

Liberte-se da escravidão

DANIELLE STRICKLAND

Vida

Editora Vida
Rua Conde de Sarzedas, 246 – Liberdade
CEP 01512-070 – São Paulo, SP
Tel.: 0 xx 11 2618 7000
atendimento@editoravida.com.br
www.editoravida.com.br

©2017, The Salvation Army
Originalmente publicado nos EUA com o título *The Ultimate Exodus*, por Danielle Strickland
Copyright da edição brasileira ©2019, Editora Vida
Edição publicada com permissão da NavPress, representada pela Tyndale House Publishers, Inc (Carol Stream, Il, EUA)

■

Todos os direitos desta obra reservados por Editora Vida.

PROIBIDA A REPRODUÇÃO POR QUAISQUER MEIOS, SALVO EM BREVES CITAÇÕES, COM INDICAÇÃO DA FONTE.

Todos os grifos são do autor.

■

Scripture quotations taken from Bíblia Sagrada, Nova Versão Internacional, NVI®.
Copyright © 1993, 2000, 2011 Bíblica Inc.
Used by permission.
All rights reserved worldwide.
Edição publicada por Editora Vida, salvo indicação em contrário.

Todas as citações bíblicas e de terceiros foram adaptadas segundo o Acordo Ortográfico da Língua Portuguesa, assinado em 1990, em vigor desde janeiro de 2009.

Editor responsável: Gisele Romão da Cruz
Editor-assistente: Marcelo Martins
Tradução: Maria Emília de Oliveira
Revisão de tradução: Sônia Freire Lula Almeida
Revisão de provas: Josemar de Souza Pinto
Diagramação: Claudia Fatel Lino
Capa: Arte Peniel

1. edição: ago. 2019

Dados Internacionais de Catalogação na Publicação (CIP)
(Câmara Brasileira do Livro, SP, Brasil)

Strickland, Danielle
   O êxodo definitivo : liberte-se da escravidão / Danielle Strickland ; [tradução Maria Emília de Oliveira]. -- São Paulo : Editora Vida, 2019.

   Título original: *The Ultimate Exodus*.
   ISBN 978-85-383-0403-6

   1. Liberdade - Aspectos religiosos - Cristianismo 2. Vida cristã I. Título.

19-27534   CDD-248.4

Índices para catálogo sistemático:
1. Libertação : Vida cristã : Cristianismo 248.4
Maria Paula C. Riyuzo - Bibliotecária - CRB-8/7639

A Jan, que sempre se livra da opressão com cupcakes.

A Stepfanie, porque as flores se destinam a florescer.

A Taanis, que demonstra que a liberdade nunca é tão difícil nem tardia demais para Deus.

Àqueles que estão presos na armadilha da escravidão dos dias atuais. Ouvimos os seus clamores.

Sumário

	Introdução..............13	
O ÊXODO:	**Uma rápida revisão**..............17	
CAPÍTULO 1	**Beleza de tirar o fôlego**..............21	
CAPÍTULO 2	**Como a escravidão começa**..............27	
CAPÍTULO 3	**Picadas de aranhas miúdas**..............33	
CAPÍTULO 4	**O que a dor pode causar**..............41	
CAPÍTULO 5	**Desaprendendo**..............47	
CAPÍTULO 6	**Há um faraó em todos nós**..............55	
CAPÍTULO 7	**Tudo piora antes de melhorar**..............65	
CAPÍTULO 8	**O evangelho selvagem e a vida no deserto**..............73	
CAPÍTULO 9	**O fim de cada um de nós**..............81	
CAPÍTULO 10	**Colhendo amoras e sarças em chamas**..............89	
CAPÍTULO 11	**Que é isso em sua mão?**..............97	
CAPÍTULO 12	**Confronto**..............105	
CAPÍTULO 13	**Não tenha medo**..............113	
CAPÍTULO 14	**Comece agora e com você**..............119	
CAPÍTULO 15	**Vivendo com a mão aberta**..............129	
CAPÍTULO 16	**O sábado desafiando a escravidão**..............137	
CAPÍTULO 17	**Permanecendo livre**..............143	
	Agradecimentos..............155	

Introdução

Tive o incrível privilégio de visitar o Haiti recentemente. Viajei àquele país com a Compassion International [Compaixão Internacional] para encontrar-me com a criança que apadrinho e sua mãe. Foi impactante de todas as maneiras. Você pode imaginar o misto de dor e alegria quando ouvi a história de extrema pobreza e as consequências devastadoras na vida daquela família com a qual criei laços de amizade. Também comemorei a esperança de um futuro diferente para alguns deles graças à fidelidade e à força de uma igreja local que ofereceu recursos indispensáveis. Esperança e penúria trabalham assim — quase em conjunto uma com a outra. Uma grande comemoração dá lugar a sentimentos desesperados de impotência, e à consequente volta da comemoração. Como se fosse um grande pêndulo do coração.

Uma das coisas que particularmente me interessou enquanto visitava o Haiti foi sua história complexa de escravidão e liberdade. O Haiti é a primeira república negra na face da terra. Setecentos mil africanos foram levados como escravos para essa colônia francesa nos séculos XVII e XVIII. Eles cuidaram das plantações para manter a colônia mais lucrativa da História trabalhando tranquilamente — até que alguém teve uma ideia, uma ideia que mudaria o mundo.

É claro que foi mais complicado que isso, mas, ao mesmo tempo, simples assim: alguém no Haiti teve a ideia de que aqueles africanos escravizados não nasceram para ser escravos.

Pense nisso por um momento. É o que chamamos de ideia revolucionária.

Durante pouco tempo de conversa, sonhos e planejamento, algumas estatísticas complexas e frias surgiram, principalmente entre eles, que o número de escravos no Haiti superava o número dos senhores de escravos — em *muito*. Deu-se início a uma revolução, e ela foi sangrenta. A maioria dos historiadores concorda que foi uma das revoluções mais sangrentas da História. Os colonizadores franceses foram totalmente derrotados, e os escravos africanos, libertos. Bom, mais ou menos.

Após uma incrível revolta e uma declaração de liberdade para o povo do Haiti, teve início uma história complexa e tortuosa de exploração e desassossego político. Ondas de injustiça externas e internas transformaram o Haiti que visitei em um lugar oprimido por uma escravidão de muitas características diferentes. As plantações desapareceram, mas a pobreza continuou presente. Os grilhões e correntes desapareceram, mas a corrupção política sistêmica que mantinha o povo com medo constante continuou. Os antigos "senhores" desapareceram, mas o crime veloz e crescente continuou no Haiti — a escravidão infantil. Os antigos escravos eram agora os próprios escravizadores. O que aconteceu?

Aconteceu o que aparentemente sempre acontece: a mesma história se repete na História vezes e mais vezes. A escravidão sempre retorna. A opressão encontra novas formas e o povo enreda-se nessa teia. Acontece que, para ser libertos da escravidão, precisamos confrontar não apenas as realidades externas, mas também as internas.

Visitei uma amiga que trabalha durante anos com as pessoas mais pobres da Ásia. Para ela, é comum ver mulheres saindo da escravidão da indústria do sexo. Perguntei-lhe a respeito de uma mulher em especial com quem me encontrei naquela manhã: — Há quanto tempo ela se tornou livre?

Minha amiga respondeu com sabedoria: "Ela está fora do bordel há seis meses, mas continua na caminhada para se libertar". São necessários apenas alguns momentos, assim minha amiga me contou, para uma mulher ser liberta do quarto onde é mantida como escrava do sexo. Mas às vezes são necessários muitos anos para a escravidão do sexo sair da mulher.

A liberdade é um trabalho de longo prazo, e quase sempre ocorre somente de dentro para fora.

Um pequeno versículo no Novo Testamento, Gálatas 5.1, explica muito bem: "Foi para a liberdade que Cristo nos libertou. Portanto, permaneçam firmes e não se deixem submeter novamente a um jugo de escravidão". Em outras palavras, Jesus criou uma forma de sentirmos o que é liberdade. Por fora e por dentro. Sejam livres, e não voltem a ser escravos.

A admoestação que Paulo apresenta aos gálatas é excepcionalmente profética. A escravidão sempre retorna, mas pode retornar de formas diferentes. A opressão tem milhares de cores diferentes. No caso da igreja da Galácia, o povo estava começando a usar a própria religião como forma de escravidão — e não precisamos viver muito tempo neste mundo para saber que a religião pode ser um severo senhor de escravos. Mas, de novo, qualquer coisa pode ser opressiva. O café possui o sabor agradável de uma manhã estimulante, mas uma trágica história de ganância capitalista e sangrenta pode ter sido misturada a ele. A riqueza pode libertar, mas a vida interior de muitas pessoas extremamente ricas mostra sinais de desespero e destruição. Então, qual é a finalidade desse golpe duplo? Aquilo que liberta e oprime? Pode a escravidão terminar algum dia? Será que a liberdade sempre chega?

Este livro diz que sim. A escravidão pode sempre retornar, mas a liberdade está destinada a chegar. Sou uma eterna otimista. Acredito que a liberdade é um direito de nascimento de todos os seres humanos. Por intenção eterna e poder sobrenatural, nascemos para ser livres. Deus nos fez dessa maneira. É a história de origem mais antiga na terra: a humanidade foi feita para ser livre.

No entanto, a história da escravidão corre pelo coração de cada um de nós. O quebrantamento é uma condição humana e, de fato, temos a tendência de ceder à opressão. Até a Bíblia nos adverte que, assim que somos libertos, temos de estar vigilantes para impedir que a escravidão volte.

Esse é um conselho extraordinário. Mas como? Como podemos ser verdadeiramente libertos — e continuar livres? Como seria se tivéssemos uma nova forma de vida, uma vida sem opressão?

Felizmente há uma história que nos ajuda nessas questões. É *a* história da liberdade — a grande história do povo de Deus, que vive em opressão e necessita ser liberto, e de Deus desencadeando uma série de eventos que os liberta e os estabelece como uma nova nação sob sua liderança.

Essa história não é uma das histórias criadas pela Disney. É cruel e verdadeira, cheia de frustrações e realidades da luta pela liberdade em meio à opressão externa e interna. Contudo, ao conhecer a história da liberdade do povo de Deus, encontramos as respostas para a nossa liberdade — o êxodo definitivo rumo à liberdade, de dentro para fora.

Oro para que você encontre algumas chaves capazes de abrir as portas da liberdade em sua vida durante a leitura deste livro.

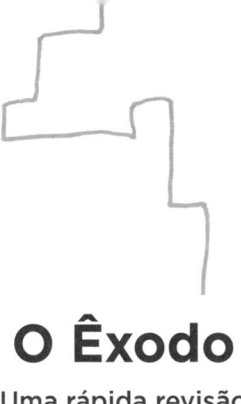

O Êxodo
Uma rápida revisão

Apenas para ter certeza de que todos nós estamos na mesma sintonia, vamos esclarecer qual é o significado da história do Êxodo.

Êxodo é um livro da Bíblia. Nele se encontram os principais elementos de uma história maior, que se estende por outros livros bíblicos, do povo de Deus sendo liberto da opressão. Recomendo que você o leia.

A história do Êxodo em si inclui a história de Moisés, que tem sido o tema de muitas produções de Hollywood. Se você preferir ver um filme, há diversos para escolher. Meus filhos gostam do desenho animado *O príncipe do Egito*, produzido pela Dreams Works Pictures. A música é ótima e o filme conta a história em 90 minutos — o que, apesar de ser divertido e muito comovente, significa que não é totalmente exata.

E, por falar em inexatidão, *Os Dez Mandamentos* é um filme antigo, porém ótimo, estrelado por Charlton Heston como Moisés. Ou, se você preferir um filme mais recente, *Êxodo: deuses e reis* é uma versão mais nova, protagonizada por Christian Bale.

Eu não deveria ser tão crítica com o enredo desses filmes, claro, porque a essência deste livro apenas arranha a superfície de algumas lições poderosas que podemos aprender em nossa caminhada para sair da opressão. Êxodo significa "saída"; a história do Êxodo possui placas de "saída" acesas em toda parte. Você não pode deixar de vê-las, porque eu aponto para elas. O motivo de estarem acesas é o mesmo pelo qual o Êxodo entrou na Bíblia: é importante saber o caminho quando necessitamos dele.

A história do Êxodo é compartilhada por pessoas e uma comunidade. Isso não deveria nos surpreender. Afinal, há uma conexão entre a vida de todos nós. A história do Êxodo não começa no livro de Êxodo, mas em Gênesis, o primeiro livro da Bíblia — as melhores histórias são sempre muito complicadas para caber em um só livro — quando José é vendido como escravo por seus irmãos invejosos. (Para fazer justiça a eles, José parecia ser um pouco irritante.) Por meio de um enredo incrivelmente entrelaçado, José acaba ocupando o segundo lugar no comando do Egito, e, pelo fato de Deus falar com ele em sonhos, ele salva o Egito da fome e faz a economia do país prosperar. Sua família inteira (os pequenos começos de Israel, o povo de Deus) é salva com o Egito.

O faraó convida a família de José a morar no Egito (e a beneficiar-se do alimento que José conseguiu economizar) e dá a eles a terra de Gósen — a melhor parte de todo o Egito para cuidar de rebanhos. Trezentos anos depois (é aí que a história começa no livro de Êxodo), o novo faraó não conhece José nem a história dos israelitas no Egito. Esse faraó sente-se ameaçado pelos israelitas (a ignorância é perigosa) porque eles eram abençoados com muitos filhos e haviam se multiplicado no decorrer dos séculos. Em vez de considerá-los como amigos bem-sucedidos, o faraó vê os israelitas como um grande inimigo em potencial e começa a oprimi-los, impondo-lhes trabalhos forçados e ordenando às parteiras que matassem todos os bebês do sexo masculino.

Duas parteiras recusam-se a matar os bebês e poupam a vida dos meninos. Isso dá início a uma revolução.

Um bebê específico que foi salvo da morte é posteriormente adotado pela filha do faraó. Esse bebê, chamado Moisés, cresce no palácio do faraó.

Há uma música excelente de Louis Armstrong chamada "Go Down, Moses" ["Desça, Moisés"]. Eu a recomendo. Meu filho mais novo também a recomenda. É a favorita da família. Aliás, o nome desse filho é Moses.

A evolução da personagem é o ingrediente principal de uma boa história, e a história pessoal de Moisés entra e sai da história da comunidade no Êxodo. Considere os momentos da vida dele como *close-ups* no filme.

Moisés cresce, e em determinado ponto vê um feitor egípcio espancando um escravo hebreu; ele reage violentamente e mata o egípcio. Sai do Egito como fugitivo e vai para o deserto, onde encontra uma comunidade que se torna sua família quando ele se casa com a filha do líder da comunidade. Torna-se pastor no deserto.

O povo de Israel clama a Deus por libertação. Deus ouve seu clamor.

Depois, Deus aparece a Moisés no deserto em uma sarça ardente. Moisés ouve o chamado de Deus e responde.

Deus envia Moisés para confrontar o faraó e libertar seu povo da escravidão. O faraó não demonstra muito interesse. Tem o coração duro e recusa-se a ouvir.

Moisés ouve Deus e faz o que ele lhe diz. Depois de muito tempo, de muitos sinais e maravilhas, de conversas, do uso de um cajado, de orações e espera — um longo tempo e mais de uma pessoa (para começar, Arão e Miriã ajudam Moisés a liderar o povo) —, os israelitas finalmente saem do Egito atravessando o mar Vermelho, que milagrosamente se divide ao meio para que eles passem e sejam libertos enquanto o exército egípcio tenta levá-los de volta. *Bum*.

Os israelitas festejam, comemoram e constroem um monumento. Depois começam a reclamar porque percebem que provavelmente jamais conseguirão viver no deserto. Ah, sim — o deserto de novo. Você percebe um tema?

O povo de Deus passou quarenta anos vagando no deserto, aprendendo como representar Deus na terra e viver de uma nova maneira — não como escravos, mas como povo livre. Leva muito tempo para eles chegarem à "terra prometida" — a terra que, conforme lhes fora informado muito tempo antes, seria deles. Espero que este livro ajude todos nós a passar menos tempo vagando e mais tempo vivendo em liberdade. Que Deus nos ajude.

CAPÍTULO 1
Beleza de tirar o fôlego

> Todavia, as parteiras temeram a
> Deus e não obedeceram às ordens
> do rei do Egito; deixaram
> viver os meninos.
>
> ÊXODO 1.17

Quando meu filho mais novo nasceu, foi mágico — não na forma de magia ou encantamento, mas no estilo Walt Disney, arrepios na espinha e a sensação de paraíso na terra. Aliás, se a verdade fosse dita (e por que não dizer a verdade?), eu o amei antes de ele nascer. No primeiro ultrassom, ele se parecia um pouco com um *transformer* esquelético e, mesmo assim, eu o amei antes de nos conhecermos.

A vida e a beleza são dádivas. Não estou falando da beleza comercializada e vendida em frascos e fórmulas, mas da beleza que chega na forma do corpo de um recém-nascido chorando, enrugado e coberto de sangue. A vida nessa forma mais frágil possível é uma dádiva ao mundo — um sinal de algo maior, esplêndido, mais profundo. Converso o tempo todo com pessoas — fortes, assustadas, com cicatrizes, com jaquetas de couro e muitas tatuagens — que dizem que o nascimento de um bebê levou embora todas as dores. Todos os ressentimentos desapareceram quando elas seguraram um pacotinho de menos de 3 quilos de carne e osso. Um bebê que não pode fazer nada sozinho permitiu que elas experimentassem a dádiva da vida. Foi um momento de tirar o fôlego.

Quando me contam suas histórias, eu entendo. É a minha história também. Talvez você saiba o que quero dizer. Nem sempre é um bebê recém-nascido; a dádiva chega em forma de generosidade e bondade expressas por toda parte. Encontra-se na beleza e esperança reveladas por meio de pequenos atos de vida todos os dias.

A vida tem poder. A beleza tem força. É realmente extraordinário quando pensamos nisso, e é importante recordar esses fatos.

Lembro-me de um homem que foi alcoólatra durante anos. Ele era mal visto e rejeitado; quase sempre conduzido para fora das cidades pela polícia. Contou-me que estava na fase de desintoxicação, tentando melhorar, mas sentia tremores e mal-estar à medida que o álcool saía de seu corpo. Doente e sozinho, aquela parte de sua vida foi confusa. Mas ele se lembra de algo muito claramente: de uma encantadora enfermeira sentada a seu lado, segurando-lhe a cabeça em seu colo e acariciando-lhe os cabelos como faria sua mãe, caso tivesse sido possível ter tido uma mãe que o amasse. Ele disse que apenas chorou. Chorou no colo do amor. Ao recordar a história, não conseguiu lembrar-se da última vez que alguém o havia tocado com bondade.

Aquela bondade causou-lhe um impacto. Foi poderosa, uma força de amor. Ele contou-me sua história anos depois como meu supervisor no Exército de Salvação, um maravilhoso homem de Deus que lutava todos os dias por outras pessoas, tentando espalhar bondade a um mundo escuro e solitário. Ele foi um exemplo incrível do que uma vida — e o poder da bondade — pode fazer no mundo.

É isso que eu amo a respeito do Êxodo. A história que Deus conta sobre a libertação de seu povo da escravidão no Egito é poderosa. Não se trata de uma história inventada nem fantasiosa; é uma história da vida real, mergulhada em sangue e coragem. Na verdade, o pano de fundo é quase sempre escuro, como se Deus entendesse melhor que ninguém como a vida real é difícil. Mas a luz e o poder da beleza na vida, a força pura do amor, da bondade e da verdade é deslumbrante. A bondade em si destaca-se contra o pano de fundo escuro com intensidade vívida, de tirar o fôlego. A história do Êxodo é de muitas formas a história da vida. É a história do povo de Deus nascendo. Essa história que começa com tragédia, escravidão, cativeiro e medo é, na verdade, uma história de nascimento, esperança, bondade e beleza mudando o mundo.

O começo revolucionário

O Êxodo não começou quando Moisés estava diante do mar Vermelho, esperando que suas águas se dividissem. Não começou quando Moisés estava diante do faraó, esperando a resposta para o "deixe meu povo sair". Não começou quando Moisés estava diante da sarça em chamas nem mesmo quando estava diante do corpo do feitor egípcio que acabara de matar. Duas mulheres deram início ao Êxodo antes mesmo de Moisés nascer.

Duas mulheres, em um mundo onde as mulheres tinham pouca importância. Nem eram mulheres egípcias — as mulheres egípcias tinham pelo menos alguma influência ou poder. Mas aquelas duas eram simples parteiras hebreias. Aos olhos do mundo, a importância delas era praticamente nula.

Certo dia, o furioso e temível rei do Egito, o faraó cujo nome desconhecemos (o escritor bíblico não se deu ao trabalho de mencioná-lo), pede às duas mulheres hebreias que executem um trabalho perverso e horroroso. Quer que elas matem todos os bebês hebreus do sexo masculino.

Ora, o pedido em si é horrível, porém talvez mais terrível ainda para um povo que aprendera o valor da vida. No relato da criação dos hebreus, o povo era valorizado não pelo que fazia, mas porque Deus o criara. Eles eram intrinsecamente valiosos — o nascimento deles era em si uma evidência de que Deus os declarara *bons*.

O faraó não tinha essa mesma visão de mundo. Para os antigos egípcios, as pessoas eram funcionais. As mulheres eram propriedade. Os meninos hebreus eram uma ameaça em potencial. Duvido que a ordem do faraó tenha sido pessoal; é raro a maldade ser pessoal. Muito provavelmente, foi uma decisão fria, racional: era melhor que os meninos hebreus fossem mortos.

As parteiras egípcias da época possivelmente acreditaram no decreto do faraó de que aqueles bebês eram desnecessários. E, de fato, nossa cultura atual poderia ser convencida dos motivos pelos quais as crianças não deveriam nascer. Mas os antigos hebreus não. As parteiras hebreias sabiam algo que os egípcios desconheciam: sabiam que a vida era uma dádiva. Sabiam que os bebês não são trazidos por cegonhas, que não procedem da vontade do homem, nem do útero de uma mulher. Os bebês procedem de Deus. A vida, conforme os hebreus sempre foram ensinados, é uma dádiva.

Portanto, aquelas duas mulheres fizeram algo incrivelmente poderoso. Disseram não. E não se engane: todo ato revolucionário começa com um não. Quando o grupo mais fraco da sociedade enfrentou os mais poderosos, algo aconteceu. O tempo parou, as coisas desaceleraram, o mundo virou de cabeça para baixo mesmo que por um breve momento, e tudo mudou. Porque elas acreditavam em Deus, na beleza e na vida, porque estavam dispostas a correr o risco e fazer algo impossível, agir corretamente fosse qual fosse o preço, a luz entrou em uma situação incrivelmente sombria.

Sabemos o nome das duas mulheres; o registro bíblico garante isso. Sifrá e Puá. O nome do faraó não é informado. O que há, então, de especial no fato de um rei ser tirano? Mas duas parteiras hebreias enfrentando um rei tirano? Ora, isso é algo verdadeiramente especial. Seus nomes estão marcados na eternidade porque desafiaram um rei tirano para honrar o Rei da vida. E permitiram que os meninos vivessem.

Naquela ocasião, um bebê nasceu de pais que viram que ele era belo, especial e valioso — algo que todo pai e mãe veriam se tivessem olhos para ver. Aquele bebê cresceu para ser um herói improvável, Moisés, que tiraria o povo de Deus da escravidão e o conduziria à liberdade — um êxodo tão grande que o mundo ainda fala sobre o assunto! Ele foi um libertador, liberto antes por duas mulheres que entenderam o poder arrebatador da beleza da vida.

Na história da libertação do povo de Deus, o valor da vida é um tema central que, segundo penso, seria uma irresponsabilidade deixá-lo de fora. Sifrá e Puá arriscaram a vida por causa disso. Os pais de Moisés viram o valor de seu belo bebê quando ele nasceu. Até a filha do faraó, no momento em que abriu o cesto boiando no rio Nilo e viu o rostinho precioso de Moisés, entendeu que o poder da vida — o dom da vida, o valor da vida — é uma força. E agora, quando nasce uma vida e ouvimos o choro, somos reduzidos a lágrimas — ou talvez expandidos pelas lágrimas, porque a beleza do nascimento abre algo dentro de nós, e choramos no colo do amor. Tocados pela bondade. Beleza de tirar o fôlego.

É assim que Deus nos vê — como uma dádiva ao mundo, como pessoas que possuem valor, propósito e beleza. Não por causa de nossos dons, empregos ou contas bancárias, mas por causa de quem somos. Ele nos fez com valor muito grande.

Deixe que esse entendimento guie você enquanto lê esta história. Porque o Êxodo é verdadeiramente a história de todos nós.

Cada um de nós luta com a opressão de ser desvalorizado. Cada um de nós enfrenta escolhas semelhantes à das parteiras, feita em um dia completamente normal no Egito milhares de anos atrás. Oro para que aprendamos com o exemplo delas e deixemos os meninos viverem sob nossa vigilância, que a vida tenha espaço para chorar, crescer, aprender, expandir-se em nós e por nosso intermédio. Que possamos nascer de novo na beleza do Reino de Deus da vida. Neste instante. Nosso êxodo começa quando encontramos a beleza da vida, uma beleza de tirar o fôlego.

Sua vida.
Toda a vida.
É uma *dádiva*.

Encontrando a liberdade

Quais são algumas das coisas — as expressões de bondade, beleza e vida — que tiram o seu fôlego?

Como essas expressões são às vezes desvalorizadas pelos outros?

O que você pode fazer para declarar e comemorar o valor delas?

CAPÍTULO 2

Como a escravidão começa

> Os israelitas se estabeleceram
> no Egito, na região de Gósen.
> Lá adquiriram propriedades, foram
> prolíferos e multiplicaram-se muito.
>
> GÊNESIS 47.27

Escravidão é um assunto complicado. Calcula-se que existem mais escravos no mundo de hoje do que durante todos aqueles anos de tráfico transatlântico de escravos — 48 milhões é a estimativa popular. Muitos deles não sabem sequer que são escravos. Conheço várias mulheres que acreditam que os gigolôs e estupradores que controlam a vida delas as "amam" e as ajudam.

Essa é uma das complicações a respeito da escravidão. Muitas pessoas pegas em sua armadilha não sabem disso. Uma mulher com quem passei muito tempo ao longo dos anos passou por seu próprio êxodo da escravidão sexual. Ela levou anos para perceber que tinha uma vida horrível e difícil. Até o momento em que se dispôs a permitir que Jesus a guiasse em uma jornada de lembranças e sentimentos, ela simplesmente se recusava a admitir a verdade, porque *não queria ser escrava*.

Ninguém quer ser escravo. Mesmo quando somos escravos, objetivamente, por definição, confinados e controlados por outra pessoa, temos a tendência de ver nossa vida por um ângulo diferente, de interpretar a realidade de tal forma que não admitimos a verdade fundamental. A negação da realidade é poderosa. E a verdade às vezes dói.

Assisti a um documentário sobre exploração infantil na Índia. Há tribos inteiras escravizadas por corporações que fazem as bolas de futebol, os carpetes e as quinquilharias que compramos. Essas tribos são escravizadas há várias gerações porque em algum lugar ao longo do caminho alguém precisou de um empréstimo. Não de uma quantia exorbitante; às vezes só 50 dólares, mas a pessoa que emprestou o dinheiro acrescentou juros altíssimos até a dívida transformar-se em centenas de dólares — mesmo após a pessoa ter trabalhado a vida inteira para pagar o empréstimo. A dívida torna-se um "empréstimo da família", e o filho de quem pediu o dinheiro emprestado é recrutado para tomar o lugar do pai na "força de trabalho" a fim de pagar a dívida, mais os juros. Trata-se de uma armadilha circular e sistêmica: as crianças nascidas nesses lares aceitam a realidade de que passarão a vida inteira trabalhando arduamente, pagando uma dívida que nunca será quitada. Isso é servidão. É escravidão. É errado. Mas como interromper o ciclo? Como a liberdade chega? Como as mulheres, as crianças e os homens são libertos?

A maioria de nós acha impossível acreditar nesse tipo de escravidão, o que é irônico, considerando que *todos nós somos escravos*. Sei que é difícil acreditar, mas é verdade: todos nós somos escravos de um sistema global, de um modo de vida, de um faraó tirano de proporções épicas, e não sabemos disso.

Alguns anos atrás, estudei a fuga dos israelitas do Egito por pensar que o estudo me daria algumas pistas significativas sobre liberdade e que minha luta contra o tráfico humano necessitava de um pouco de reflexão teológica. Apresentei em um congresso o que eu estava aprendendo, onde encontrei por acaso um homem incrível do Brasil, Claudio Oliver. Ele me fez algumas perguntas muito interessantes sobre o Êxodo, começando com esta: que tipo de escravos os israelitas eram?

Fácil, pensei. Todo mundo que já viu *O príncipe do Egito* sabe que os israelitas foram *escravizados*. Imagens dos israelitas acorrentados e espancados pelos feitores egípcios vieram-me à mente no mesmo instante. Os israelitas eram escravos. Ponto final.

Claudio começou a fazer outras perguntas educadamente, revelando de modo lento e elegante minha leitura idealista e superficial do texto.

Que tipo de escravos possui casa própria?

Que tipo de escravos possui um rebanho só seu?

Que tipo de escravos tem um representante que fala com o rei?

Que tipo de escravos é uma ameaça ao maior poder do mundo?

Epa! Pare já com essas perguntas. Imagine como minha imagem mental se desfez. Se eles não eram acorrentados, se não eram trancados e ninguém lhes tirava os recursos, se não eram amarrados e presos, então como e quando isso aconteceu e que tipo de escravidão era aquela?

Boa pergunta. Aliás, esta é a pergunta principal ao êxodo e nossa jornada rumo à liberdade. *Que tipo de escravos os israelitas eram?*

Obrigada, Claudio. Comecei a descobrir que, na história do Êxodo, a pessoa que chama os israelitas de escravos é Deus. Deus revela que os israelitas tinham se tornado escravos do Egito muito antes de o Egito começar a oprimi-los.

Os israelitas eram oprimidos no Egito? De jeito nenhum. Eram escravos? É melhor acreditar que eram. Mas a história da escravidão não começa com a opressão. A história começa muito antes disso.

Como tudo começou

É bom lembrar por que Israel estava no Egito. Os israelitas não foram capturados e forçados a viver em uma terra pagã. Na verdade, eles foram salvos pelo Egito; mais precisamente, os israelitas haviam salvado o Egito. Os israelitas (José principalmente) haviam salvado o Egito (da fome) a fim de que o Egito pudesse salvar Israel (da mesma fome). Veja só que passado complicado.

A escravidão é sempre uma história complicada; os escravos e os escravizadores estão sempre tecidos em uma vida e história compartilhadas. Se ao menos a escravidão fosse tão simples como uma história de bandidos e mocinhos! Mas essas categorias de certo/errado da escravidão dificilmente existem.

Israel, por exemplo, foi convidado a permanecer no Egito como hóspedes ilustres do faraó. José, filho de Jacó (o patriarca de Israel), salvara o Egito da fome e ocupava o lugar de comando logo abaixo do faraó; sob a liderança de José, o Egito transformou-se em uma superpotência naquela época. Você pode ler em Gênesis como o sistema brilhante de impostos idealizado por José transformou o faraó em um rei superpoderoso e riquíssimo. O Egito tinha muito a agradecer a Israel, e o faraó sabia disso.

Portanto, ele convidou Israel a instalar-se em Gósen, que era a melhor terra do Egito para pastores (v. Gênesis 45.17,18), exatamente o que eram os israelitas, uma tribo de pastores. Quando, porém, retomamos a história após a morte de José e passadas algumas gerações, Israel havia trocado o cajado de pastor por algo muito mais lucrativo: assentamento de tijolos.

O Egito era o maior construtor conhecido no mundo. Ainda voamos ao redor deste planeta para dar uma olhada nas glórias passadas do império de tijolos do Egito, as pirâmides. A riqueza no Egito não era destinada a pastorear rebanhos; a bem da verdade, na cultura egípcia ser pastor de rebanhos era um ofício de categoria inferior. Cuidar da terra era trabalho para escravos. Na hierarquia das vocações, pastorear rebanhos estava próximo a recolher lixo. Ninguém queria fazer esse trabalho. Se alguém quisesse ter sucesso no Egito, assentar tijolos seria a melhor opção.

Não sabemos de fato como nem quando isso aconteceu. Bom, temos um indício nos registros egípcios de que uma antiga autoridade pertencente ao poder egípcio não gostava dos pastores de rebanhos e os considerava vulgares e incultos. José serviu ao faraó em uma "nova ordem" de políticos, referidos como "reis pastores". Após a morte de José, a antiga ordem dos faraós voltou ao poder. Aos poucos, assim a História dá a entender, a base de valores do Egito mudou. Os pastores voltaram à lista das categorias inferiores.

Socialmente falando, eu gostaria de saber como isso aconteceu. Como a lenta mudança de valores começou a afetar os israelitas? Teria começado com os filhos dos israelitas que iam à escola com as crianças egípcias e aprenderam a hierarquia da aceitabilidade e ordem social? Os filhos dos israelitas se envergonhavam do ofício dos pais? De suas origens humildes? Será que não convidavam as pessoas para irem a sua casa com medo de que os amigos caçoassem deles por causa do cheiro de animais que exalava na casa após um longo dia de trabalho?

E assim as crianças começaram a pensar em uma nova forma de viver. Uma forma melhor. Uma forma mais lucrativa. Uma forma não apenas de ganhar mais, mas também de ter prestígio, poder e influência. E qual a melhor maneira de conseguir isso, a não ser entrar na indústria da construção durante a maior onda de construções do mundo?

E assim tudo começou. Aos poucos, Israel trocou seu modo de vida, sua herança, sua identidade.

Por alguns tijolos.

Encontrando a liberdade

Que valores você tem visto mudar a seu redor?

Como eles tornaram mais difícil para você ser você mesmo?

Onde você é tentado a trocar sua identidade por algo que o tornará mais próspero ou aumentará seu prestígio social?

CAPÍTULO 3

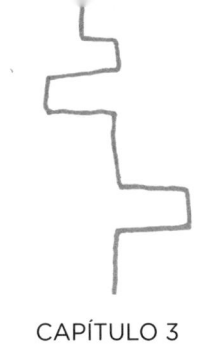

Picadas de aranhas miúdas

> Moisés, porém, respondeu a Deus:
> "Quem sou eu para apresentar-me ao
> faraó e tirar os israelitas do Egito?"
> ÊXODO 3.11

EM MEU PRIMEIRO CARGO como líder de pessoas que querem seguir Jesus por intermédio de uma igreja e missão locais, tive um sucesso razoável. Mas aquele sucesso me fez sentir um pouco vazia. As pessoas estavam indo à igreja — e daí? Como aquela ida à igreja mudaria o mundo? Como aquela ida à igreja impactaria uma geração?

Não me entenda mal. Creio que as comunidades de cristãos que decidiram ter uma vida santa em meio ao caos e trevas de nosso planeta podem mudar o mundo e impactar uma geração. A santidade atravessa diretamente a dor profunda do mundo. O problema não era com minha igreja; o problema era comigo. Minha vida era sonolenta, tranquila e confortável. E eu sabia que o sucesso me deixava de alguma forma um pouco mais confortável.

Certa noite tive um sonho — um sonho chocante, maravilhoso, que começou a mudar tudo em mim. Eu estava atravessando uma porta que dava acesso a um quarto desconhecido.

Havia uma teia de aranha cobrindo todo o vão da porta, mas não notei a presença dela; atravessei a porta sem vê-la. No canto do vão da porta havia uma aranha grande, gorda e peluda. Não vi a aranha nem percebi que ela me picara.

Entrei no quarto e, no mesmo instante, comecei a sentir-me extremamente cansada. Olhei ao redor e avistei uma cama de lona dobrável no meio do cômodo. Caminhei em direção a ela e me deitei. Assim que me entreguei ao cansaço, fiquei completamente paralisada. Não conseguia me movimentar. Continuava consciente — sabia dizer onde estava e o que se passava —, mas não conseguia mover um dedo sequer. Estava completamente viva, mas adormecida.

De repente, aranhas miúdas surgiram de todas as partes do quarto. De cada canto aparecia um número cada vez maior. Elas começaram a picar-me, uma por vez.

Como você pode imaginar, acordei apavorada. Fiquei profundamente impactada por aquele sonho maluco. Repreendi imediatamente o sonho e enviei-o de volta ao inferno, o lugar ao qual pertencia. Mas o sonho continuou a se repetir.

Depois de tentar outras estratégias bem-intencionadas (inclusive dormir com minha Bíblia embaixo do travesseiro), recorri a alguns especialistas no assunto para ajudar-me. Pedi a algumas pessoas de oração, que podiam interceder por mim, que orassem para tirar aquele sonho de minha vida. Eu sabia que não era bom morrer no próprio sonho! Elas se reuniram e oramos. Uma delas sugeriu que deveríamos pedir a Deus uma interpretação do sonho. Achei que aquilo já era óbvio — o Diabo tinha um plano para me matar, mas decidimos pedi-la ao Senhor. Para minha completa surpresa, Deus revelou-me algo que mudaria para sempre o rumo de minha vida.

No sonho, eu representava o povo de Deus. A aranha representava o "espírito gordo" (o conforto, o mundo). A cama de lona é aonde vamos parar quando somos picados pelo espírito do mundo. A morte é como o conforto termina. Mas não se trata de morte de um modo heroico. É uma morte por coisas pequenas e insignificantes. Trata-se de uma descida lenta e dolorosa em direção à realidade da escravidão.

O ritmo lento e frouxo da mudança de valores é um dos principais motivos pelos quais os escravos não sabem que são escravos. Em palavras mais simples, gastamos o tempo com as coisas que valorizamos. Nossos valores determinam nosso tempo, nossas energias e nossos esforços. Tornamo-nos escravos de coisas que começamos a adorar.

Como você gasta seu tempo? Moro em uma cultura na qual o trabalho ocupa lugar de destaque. O dinheiro também. Gastar dinheiro, para ser mais específica. Conheço muitas pessoas que trabalham tanto que chegam a parecer escravas. Mal conseguem ver os filhos ou o cônjuge, não participam da vida da comunidade ou da igreja, estão ausentes quando os amigos necessitam delas — se é que possuem amigos de verdade.

Muitas delas têm pelo menos dois empregos. "Por que você trabalha em dois lugares?", eu lhes pergunto. A resposta é sempre dinheiro, dinheiro, dinheiro. Por que você precisa de mais dinheiro? Tão logo passam por cima de minha ofensa por lhes ter feito a pergunta, elas respondem: "Para minha casa, meu caminhão, meu carro, minhas... coisas". Coisas. Muitas coisas. Toneladas de coisas. Milhares e milhares de dólares gastos em telas grandes, aparelhos de som, *video games*, eletrodomésticos, e a lista é interminável. Tudo é tão fascinante. Conseguimos empregos com bons salários e começamos a viver dentro de um padrão que exige manter o emprego ou aumentamos o padrão para ter de trabalhar mais ainda. Em breve, em vez de trabalhar para viver, vivemos para trabalhar. Passamos a ter uma dívida com o próprio sistema que, segundo imaginamos, nos libertaria.

Se você vê de modo diferente, pode entender de maneira bem clara esse ciclo de escravidão no dia a dia das pessoas. Mas elas não sabem.

Não sei dizer quantas pessoas conheço que perderam tudo — filhos, empregos, família, quase a própria vida. Quando perceberam que eram escravas, o golpe foi tão grande que elas se entregaram ao desespero. Às vezes no fundo vazio de uma garrafa de bebida alcoólica, às vezes no mundo da violência e das drogas, às vezes na depressão e em tentativas de suicídio. A situação toda, tão logo percebemos, é deprimente.

Lembro-me de ter lido um livro de Tom Sine no início de meu ministério. Em *The Mustard Seed Conspiracy* [A conspiração da semente de mostarda], o autor prediz um futuro sinistro no qual uma geração inteira de pessoas será escravizada pelo dinheiro, pelo trabalho e por coisas. Foi a primeira vez que ouvi alguém chamar de escravidão a situação para a qual estamos caminhando (com todos os motores em funcionamento). O autor argumenta que, se não decidirmos reconhecer nossa condição e escolher um caminho diferente, isso causará uma terrível reação nas missões mundiais, na igreja local e na mudança social. Uau! Foi o que ele disse.

Lembro-me das várias maneiras diferentes de viver que o autor sugere. Elas me intrigaram. Foi a primeira vez que pensei em compartilhar casa e recursos e até novos projetos para abrigar várias gerações sob o mesmo teto. Foi incrível. Como eu me sentiria se meu objetivo fosse ver um final diferente daquele que o mundo estabeleceu? Em vez de mais dinheiro e mais coisas (que exigiriam mais trabalho), meu objetivo começou a ser mais tempo para o ministério, mais oportunidades de servir e me doar.

Ganhar menos, me doar mais.

O momento foi semelhante ao de Jerry Maguire, uma espécie de "ah, eu sabia!". Transformou minha vida e fez todo o sentido. Você tem ideia de quantas pessoas adorariam fazer exatamente o que Jesus lhes pede, mas que estão simplesmente atoladas em uma hipoteca, em um financiamento de carro e em dívidas para pagar a faculdade? Elas não podem ir a lugar nenhum. Não apenas durante alguns anos, mas durante a vida inteira. Como você pode mudar algo que o mantém nas garras de um sistema?

Tive um aluno que veio morar um ano em nossa comunidade para treinamento em discipulado. Durante alguns anos, ele havia acumulado dívidas no cartão de crédito da faculdade. Vivia sob o peso de uma dívida tão grande que imaginava jamais ser capaz de sair dela. Isso não é escravidão?

Aparentemente esse sistema é intencionalmente planejado. As empresas de cartão de crédito miram os estudantes porque veem um mercado futuro. Sem brincadeira: um mercado inteiro de pessoas tornando-se escravas sem saber disso. O pacote mostrado dá ideia de libertação. Compre agora o que você quiser. Pague depois. Bem-vindo à ladeira escorregadia da escravidão.

Depois que li *A conspiração da semente de mostarda*, passei a pensar em viver de forma diferente. Como eu me sentiria se vivesse de forma diferente dos valores dominantes do mundo em que estou inserida? Comecei a perceber que fui feita para mudar o mundo, não para me aliar a ele.

Gostaria de saber se Moisés teve pensamentos semelhantes. José teve. Quando foi para o Egito e, logo no início da história, se tornou literalmente um escravo nas prisões daquela terra, José sabia *quem ele era*. Ele era especial. Era o escolhido. Seu destino traria salvação ao povo. Esse é um tema durante a história da vida inteira de José. Mesmo quando as condições de sua vida se tornaram difíceis de todas as formas, ele nunca esqueceu quem ele era. Mesmo quando estava *prosperando*, José lembrou-se de quem ele era, e essa lembrança o manteve alerta ao seu propósito espiritual.

Talvez a vida não gire apenas em torno das coisas que acumulamos ou do que os outros pensam de nós. Talvez a vida seja muito mais valiosa que tudo isso. Talvez tenhamos sido criados com um propósito espiritual. Ser uma bênção na terra. Levar esperança, liberdade, verdade e beleza ao mundo. E se a vida não fosse uma competição sobre qual de nós é o mais importante? E se cada um de nós fosse importante? A liberdade é encontrada nesse entendimento consciente de nosso propósito. A escravidão, em contraste, começa com a tentação de esquecer quem realmente somos e por que estamos aqui.

O poderoso filme *12 anos de escravidão* conta como esse processo ocorre por meio de uma descrição dolorosamente brilhante da vida de Solomon Northup. Quando é capturado pela primeira vez, ele diz seu nome o tempo todo aos que o prenderam. Eles lhe dizem — bom, eles o espancam para incutir a mentira nele — que ele não é quem diz ser. Dão-lhe um novo nome: Platt. Um nome falso. Uma nova identidade. Uma identidade de escravo. À medida que a força lenta e opressiva da escravidão se instala, é possível ver a mudança nele. Ele passa a concordar com essa nova identidade falsa. Começa a atender pelo nome de escravo. Começa a esquecer o que é liberdade. Para de usar seus dons. Recusa-se a chorar por sua família. É doloroso ver. É também doloroso viver.

Todos nós nascemos com um valor, sejam quais forem as circunstâncias de nosso nascimento natural. Nascemos para mudar o mundo. Nascemos para ser livres. Nossa missão na vida é concordar com Deus sobre quem somos. Esse entendimento de que nosso valor procede de Deus, não de nós nem do mundo ao nosso redor, é libertador em nosso íntimo.

Eu sempre quis ser missionária. Desconfio que foi porque penso intuitivamente que Deus ama mais os missionários. (Na hierarquia cristã, nunca dizemos isso, mas certamente é o que pensamos.) Contudo, assim que li *A conspiração da semente de mostarda*, percebi que queria ser missionária para fugir da cultura opressiva com a qual eu era condescendente. O espírito dominante do dinheiro, da ganância, do poder e do controle era tão forte, tão penetrante, que, embora eu entendesse o que precisava acontecer e tivesse o desejo de viver de modo diferente, continuava a gravitar nisso. Não comia quando estava com fome; comia o tempo todo. Comia por comer, não porque meu organismo necessitasse de comida. Via uma quantidade enorme de programas de televisão, mesmo sem querer vê-los. Vivia com meu marido em uma casa enorme e não cedia espaço àqueles que não possuíam família nem teto para se abrigar. Admirava, como o restante do mundo, os ricos e os famosos, e sonhava em ser igual a eles, imaginando como isso seria maravilhoso. Escolhi acreditar que riqueza significava sucesso, sucesso significava felicidade e felicidade significava satisfação plena. E assim eu vivia, como se fosse o que eu queria. Eu era escrava de meu próprio desejo.

Esse é o problema a respeito da escravidão. Assim que passamos a acreditar nessa linha de pensamento, aos poucos, e sem nenhuma dúvida, a mentira começa a nos matar.

Cegueira intencional

Em seu livro *Willful Blindness* [Cegueira intencional], Margaret Heffernan escreve sobre uma tendência presente em muitas decisões morais tomadas por pessoas em circunstâncias e situações de todos os lugares do mundo: a tendência natural do cérebro de acreditar na verdade que queremos que seja a verdadeira em vez de acreditar na verdade com base em evidências. Desde o Holocausto da Alemanha nazista até o caso extraconjugal de um marido, a cegueira intencional de uma pessoa ou de uma empresa produz uma pane moral extrema e quase sempre uma fatalidade. A cegueira intencional permite que injustiças terríveis e decisões imorais passem despercebidas — pense no colapso hipotecário nos Estados Unidos ou no escândalo da Enron. Heffernan sugere enfaticamente que esses colapsos podem ser evitados quando uma ou duas pessoas param de conformar-se com o padrão da cegueira intencional.

Ao estudar as características dos "delatores" ou "denunciantes", Heffernan percebe que, longe de ser encrenqueiros ou agitadores, eles são extremamente comprometidos com a missão ou causa em risco. Desejam a verdade acima de tudo. Não querem parecer que estão fazendo o bem; querem realmente fazer o bem. E isso os leva a decidir por uma profunda integridade moral que pode mudar o mundo.

Oro para que todos nós estejamos alertas às picadas de aranhas miúdas, capazes de nos acalentar para dormir e nos levar à escravidão e à morte. A ladeira rumo à escravidão raramente ocorre em uma batalha gloriosa; é mais comum ocorrer em pequenas e fomentadoras mudanças em nosso modo de pensar e viver. As pequenas concessões que fazemos todos os dias nos devoram. No entanto, elas se baseiam e surgem na forma de uma grande mentira que não notamos nem mesmo quando as aceitamos: deixamos nossa identidade à porta da casa da imagem dominante da vida boa com a qual fomos presenteados. Aceitamos a realidade diante de nós, mesmo que esteja em clara oposição à realidade para a qual Deus nos convidou. Acomodamo-nos aos valores aos quais cedemos e às mentiras que abraçamos. Perdemos sem perceber.

Encontrando a liberdade

Como seus valores mudaram ao longo do tempo?

Que valores culturais — dinheiro, sucesso, beleza, bens materiais ou outras coisas — parecem ser uma tentação especial para você?

De qual ladeira escorregadia você precisa se precaver?

CAPÍTULO 4

O que a dor pode causar

> Muito tempo depois, morreu o rei do Egito.
> Os israelitas gemiam e clamavam debaixo da escravidão;
> e o seu clamor subiu até Deus.
> ÊXODO 2.23

A DOR DA ESCRAVIDÃO é profunda dentro de todos nós.

Durante anos pensou-se que a lepra era responsável de alguma forma pela perda de braços, pernas e extremidades da pessoa. Isso foi antes de Paul Brand, um médico missionário que se especializou no tratamento e causas da lepra, descobrir que a perda dos membros e das extremidades era um *sintoma* da doença, não parte da doença em si.

Há uma característica importante da lepra: os receptores da dor não funcionam corretamente. Os leprosos não sentem dor. Explicada dessa forma, a doença parece ser muito boa. Mas a realidade é que, sem dor, coisas ruins acontecem.

Um dos pacientes do dr. Brand foi perdendo aos poucos as pontas dos dedos. Ele não sabia por que nem como aquilo estava acontecendo. O dr. Brand decidiu, então, observá-lo durante vinte e quatro horas. O que ele e sua equipe descobriram foi aterrorizante. À noite, enquanto o homem dormia, os ratos saíam do esconderijo e se banqueteavam com os dedos dele.

A lepra havia sido responsável pelos receptores da dor não funcionarem corretamente, por isso o homem não sentia nada. Continuava dormindo como se nada estivesse acontecendo. De manhã, outra parte do dedo havia ido embora. Uau!

Outro paciente, dessa vez uma menina (com menos de 2 anos de idade), foi encontrada no berço por seus pais ao amanhecer com sangue por toda parte. Horrorizados, eles perceberam que ela mordera os próprios dedos e estava usando o sangue como giz de cera para colorir o berço. Chamaram o dr. Brand; ele confirmou que certamente se tratava de lepra. A vida da menina foi se tornando incrivelmente difícil. Com poucos anos de vida, ela precisou ser amarrada para não ferir a si mesma. Teve de aprender teoricamente o que era dor porque não a sentia.

O dr. Brand passou a ser um grande entusiasta da dor. Escreveu um livro com Philip Yancey intitulado *A dádiva do amor*.[1] Trata-se de um livro excelente, muito útil, porque crescemos aprendendo a mascarar a dor — para evitá-la.

É por esse motivo que o chamado do evangelho se choca tão frontalmente com a cultura. Jesus nos convida realmente a ter uma vida de dor. Ele diz assim: "Tome a sua cruz e siga-me". A cruz não deve ser um colar extravagante nem um acessório da moda. Trata-se de um símbolo literal de sofrimento e morte. Simboliza o tipo de mensagem e ministério que o evangelho traz.

Jesus sai de seu caminho para ir ao encontro da dor de pessoas comuns que vivem terrivelmente, que necessitam de esperança e de uma resposta. Não é fácil fazer isso, principalmente a pessoas que são insensíveis à dor.

Em algum lugar da história do Êxodo, os israelitas começaram a ficar insatisfeitos. Começaram a aborrecer-se porque haviam se esquecido de quem eles eram. Não temos os detalhes

---

[1] São Paulo: Mundo Cristão, 2005. [N. do T.]

a princípio, mas há algumas pistas na história que fazem alusão a alguns aspectos importantes.

Por exemplo, quando Moisés finalmente se apresenta diante do faraó e pede que ele deixe o povo partir, o faraó pergunta com que autoridade ele faz esse pedido. Moisés responde: — Deus, o Deus de Israel.

O faraó diz: — E quem é Deus?... Não sei nada a respeito desse suposto "Deus".

Esse é um momento poderoso. Havia mais de 1 milhão de israelitas na terra de Gósen, e o faraó estava ameaçado pela força do grande número de israelitas. Mas ele nunca ouvira falar do Deus de Israel. Como assim? Talvez, quando os israelitas se esqueceram de quem eram, esqueceram-se também de quem Deus era?

Nunca me esquecerei do momento em que ouvi pela primeira vez e entendi a narrativa de Cântico dos Cânticos na Bíblia. Há uma pintura de uma noiva que acabou de deitar-se na cama; ela lavou os cabelos e os pés. Está exausta e bem acomodada. Seu amado chega e bate na porta, mas ela diz a ele que vá embora; está cansada e em seu leito. Finalmente, o amado passa a mão pela abertura da porta e, assim que ela tem um vislumbre dele, algo muda. Surpresa pela realidade de sua presença à porta, ela salta da cama e abre-a. O amor a desperta de seu lugar de sono e conforto.

Quando ela abre a porta, o amado já se foi, e a mulher começa uma busca longa e dolorosa por ele. No caminho, ela é espancada e ferida, está cansada e faminta, até que finalmente o encontra em um campo, e eles se abraçam gloriosamente.

Os símbolos são extraordinários. E se formos nós a noiva adormecida confortavelmente e nosso amado estiver nos convidando para acompanhá-lo em uma aventura de liberdade e colheita? Sairíamos da cama? Deus é semelhante a esse amado:

mesmo quando escolhemos dormir no conforto, Deus não nos deixa sozinhos. Seu amor por nós e o mundo que ele criou significa que ele não está satisfeito em nos deixar em um estado de sono e distração.

Há uma linha persistente no filme *O rei e eu*. Uma mulher foi escolhida pelo rei para ser uma de suas concubinas (uma grande honra), mas ela está apaixonada por um jovem de seu povoado. Apesar do amor que sentem um pelo outro, eles precisam separar-se e são forçados a viver como escravos. A mulher não pode sair do palácio do rei. Confuso demais, o homem ingressa em um mosteiro budista. Ambos estão desconsolados.

A mulher decide, então, disfarçar-se de monge a fim de estar pela última vez com seu amado. Arriscando a vida, eles passam juntos um momento profundo e significativo antes que a polícia seja enviada para encontrá-la. Enquanto é arrastada para a morte, ela diz: "Se amor fosse uma escolha, por que alguém escolheria uma dor tão grande?". É uma pergunta que sempre guardo comigo.

Jesus foi exemplo desse amor. Sua história é uma história de amor demonstrada por sua disposição em sacrificar-se tanto para que pudéssemos nos unir a Deus. Jesus foi compelido pelo amor e nos convida a participar dessa mesma história.

No entanto, contamos a nós mesmos uma história diferente. Vendemo-nos a um evangelho do tipo "abençoa-me agora". A maioria de nós não se vendeu completamente; dizemos a nós mesmos que é bom permanecer diante do evangelho a fim de não sentir dor. Mas o problema é que *a dor faz parte do evangelho*. Jesus nunca subestimou o preço de segui-lo.

Quando sonhei com as aranhas, perguntei a Deus como acordar; não queria morrer, nem mesmo em um sonho, muito menos com picadas de milhares de aranhas. Ele me mostrou outra imagem — dessa vez foi uma história verdadeira —, a lembrança de um tempo em que eu estava voltando à noite de carro do trabalho para casa. Por estar quase dormindo ao volante, liguei o rádio no volume mais alto possível. Continuei sonolenta. Tentei me beliscar. Dei uns tapas em mim. E finalmente recorri à pior estratégia: no inverno canadense, abri o vidro e coloquei a cabeça para fora do carro. Minhas sobrancelhas congelaram e não senti o nariz — mas estava acordada! E eu precisava exatamente daquilo. Aquele ato dolorido e desconfortável salvou-me da morte por dormir ao volante.

O desconforto pode despertar-nos para o amor de Deus. E o amor de Deus induz-nos ao autossacrifício com o objetivo de levar liberdade ao mundo. Este é o grande e belo grito do povo de Deus: não um pedido de amor do tipo "abençoa-me agora", mas de um amor disposto a morrer pela liberdade. Esse grito começa com o reconhecimento de que nem tudo está certo no mundo. Culmina quando clamamos a Deus para nos salvar de nós mesmos e da sensação de complacência e espírito sonolento.

Não é natural convidar a dor para fazer parte de nossa vida, mas pode ser útil. A dor é um dos motivos que nos mostra que estamos vivos. Não estou sugerindo que a dor seja inevitável ou desejável. Não sou admiradora da dor. Mas, para nós que vivemos no mundo ocidental, grande parte de nossa dor pessoal resulta diretamente do egoísmo e da ganância. A dor entrou no mundo por causa do pecado. O que estou sugerindo é que Deus pode usar a dor que sentimos para nos acordar. Ele pode até usar a dor dos outros para nos despertar quando há uma necessidade urgente de ação.

A dor da opressão dos israelitas no Egito os despertou para perceberem que se haviam afastado muito do propósito de Deus para a vida deles. É isso que a dor faz nas mãos de Deus. Ela pode ter um efeito redentor. Pode despertar-nos.

Rosa Parks deu início ao movimento dos direitos civis quando se recusou a sair do lugar e sentar-se no local reservado aos negros na parte traseira de um ônibus em Montgomery.

Era doloroso enfrentar a opressão, mas ela aceitou a dor de enfrentá-la. Sua vida nunca mais foi a mesma. Muitos anos depois, um jornalista perguntou por que ela escolheu aquele dia para não cooperar com a opressão metódica de um sistema de segregação nos ônibus. Ela simplesmente respondeu: "Estava cansada". O jornalista foi um pouco além e perguntou se ela estava exausta por ter trabalhado muito o dia inteiro e não tinha forças para se movimentar. Ela respondeu: "Não esse tipo de cansaço. [...] Eu não estava cansada fisicamente nem mais cansada do que costumo ficar no fim de um dia de trabalho. Eu não era idosa, embora algumas pessoas pensem que eu era idosa na época. Eu tinha 42 anos. Não, o único cansaço que eu sentia era o cansaço de ceder à vontade dos outros".

Encontrando a liberdade

Quais são as áreas de sua vida que o deixam "cansado de ceder à vontade dos outros"?

O que Deus pode estar fazendo para despertar você?

O que você precisa fazer para mover-se da dor em sua caminhada rumo à liberdade?

CAPÍTULO 5

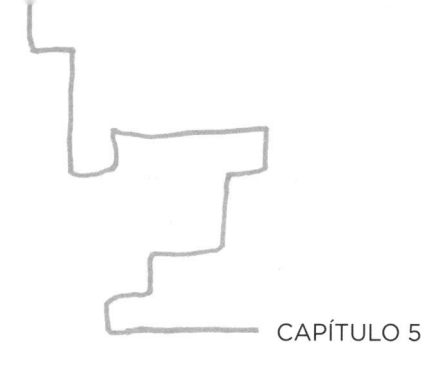

Desaprendendo

> Disse ainda: "Eu sou o Deus de seu pai,
> o Deus de Abraão, o Deus de Isaque, o Deus
> de Jacó". Então Moisés cobriu o rosto,
> pois teve medo de olhar para Deus.
> ÊXODO 3.6

Moisés ganhou o mundo e depois o perdeu. A jornada é fascinante se pensarmos nela. José foi criado no deserto para ser líder em um palácio, mas Moisés foi criado em um palácio para ser líder no deserto. Não entendemos o que foi necessário para conduzir Moisés exatamente ao deserto. Conhecemos alguns fatos. Ele descobriu que era israelita (ou sabia disso o tempo todo). Viu um egípcio maltratando um israelita e indignou-se. Interferiu para defender o israelita, espancou o egípcio e matou-o.

Não sabemos os detalhes exatos da história. O israelita corria risco de morrer? Moisés ficou apenas indignado ou, na verdade, apavorado com o desfecho da violência? Moisés estava fazendo o que sabia fazer?

Se havia alguém com justificativas para indignar-se, esse alguém era Moisés. Com certeza havia uma cláusula para livrar Moisés da culpa pelo assassinato. Sabemos que usar violência contra a violência é inevitavelmente destrutivo para as pessoas envolvidas.

Moisés não foi uma exceção. Da noite para o dia, passou a ser um fugitivo do sistema de justiça egípcio, e tudo mudou. Isso se tornou parte do problema. Agora Moisés não vivia ao lado do inimigo; ele *era* o inimigo. Tornou-se opressor do opressor.

O problema não era Moisés estar no Egito. O problema era o Egito estar em Moisés. Moisés deixou o Egito e começou um processo de aprendizado de como viver fora do Egito. Não fora das fronteiras físicas da terra, mas dos privilégios e dos requintes, do conforto e da comodidade de sua vida. O aprendizado ocorreu no deserto, quando Moisés começou a perder seus costumes, seu ego, seu sucesso e seus direitos por viver no palácio. Esse processo se repetiria para todos os israelitas — e para todos nós que seguimos Jesus — porque a opressão não é algo que nos atinge por meio de forças externas. A opressão ocorre dentro de nós também.

Para encontrar Deus, liberdade e coragem para confrontar a opressão, Moisés teve de livrar-se *interiormente*. Precisou esvaziar-se para poder ser preenchido, precisou "desaprender" o que aprendera e que não era útil para sua nova vida. Teve de desaprender os privilégios e abandonar seu ego.

O Egito é de alguma forma semelhante ao nosso mundo, isto é, movido pelo sucesso. Quanto mais produzimos, melhores somos. Nosso valor baseia-se em resultados. Essa motivação escraviza todos nós. Chegar a um lugar onde rejeitamos essa realidade quase sempre exige uma dose pequena de deserto e uma dose enorme de esvaziamento.

Janis Joplin cantou certa vez: "A liberdade é apenas outra palavra para 'nada a perder' ". Penso que ela viveu essa parte. Há um tipo de liberdade quando chegamos ao fim de nós mesmos.

Eu seu livro *Discipulado*,[1] Dietrich Bonhoeffer escreveu estas palavras célebres: "Quando Cristo chama um homem,

---

[1] São Paulo: Mundo Cristão, 2016. [N. do T.]

propõe que ele venha e morra". Bonhoeffer escreveu esse livro oito anos antes de estar com Jesus ao morrer enforcado na Alemanha pelos nazistas. Ele teve oportunidade de fugir da Alemanha; foi convidado a viver no conforto, expandir seus conhecimentos em teologia, escrita e pregação em Nova York — ter uma vida de pastor, uma vida cômoda e protegida nos Estados Unidos — enquanto o futuro na Alemanha ainda estava sendo determinado. Enquanto seus companheiros ministros do evangelho definhavam nas cruéis realidades do poder nazista.

Seus amigos americanos haviam sacrificado a própria reputação e contatos (e um valor razoável de dinheiro) para tirá-lo da Alemanha. Haviam declarado que Deus queria que ele vivesse, para usar seus dons na Igreja toda. Mas Bonhoeffer tinha por hábito ler o Sermão do Monte, aquele pequeno trecho bíblico no qual Jesus fala da natureza invertida do Reino de Deus. Bonhoeffer costumava ouvir o Espírito vivo de Jesus falar, e estava ouvindo Jesus dizer: "Venha e morra". E assim, lutando contra todas as dificuldades e contra toda a sabedoria do mundo, Bonhoeffer seguiu na contramão do êxodo em massa da Alemanha e entrou no meio do fogo. Tentou explicar-se com seus amigos e benfeitores americanos, mas não conseguiu fazê-los entender.

Bonhoeffer foi preso com muitos outros e, enfim, viveu como pastor. Só que ele pastoreava os detentos da prisão na qual estava confinado — não apenas os detentos, mas os guardas também. As pessoas dizem que ele vibrava de alegria na época em que se aliou a Jesus nas celas da prisão alemã da Gestapo. Dois dias antes do término da guerra, os guardas levaram Bonhoeffer para a forca. Um companheiro de prisão lembra-se de suas últimas palavras: "Este é o fim, mas para mim é o início da vida". Bonhoeffer morreu tragicamente, porém livre.

Bonhoeffer entendeu que o Reino de Deus procede de uma força diferente daquela à qual o mundo está acostumado. É o mesmo entendimento que Jesus teve diante de Pôncio Pilatos. Pilatos declarou a Jesus que tinha autoridade sobre a vida dele. Jesus o corrigiu: "Não terias nenhuma autoridade sobre mim se esta não te fosse dada de cima" (João 19.11a).

Essa liberdade diante do poder do mundo é a que Moisés começou a entender quando confrontou o faraó. *Liberdade* é apenas outra palavra para *nada a perder*.

Catherine Booth, cofundadora do Exército de Salvação, passou a maior parte de seu tempo como pregadora advertindo a Igreja do evangelho ineficaz e falso cuja popularidade é crescente. Em seu sermão "Os cristos do século XIX comparados com o Cristo de Deus", ela escreveu:

> Os homens decidiram que podem possuir e desfrutar tudo o que são capazes de ter neste mundo em comum com seus semelhantes e, ainda assim, chegar ao céu finalmente. Decidiram que é uma grande bobagem seguir a Cristo — tornar-se motivo de zombaria para o mundo, algo que o próprio Cristo fez todos os dias em que viveu — e preparar-se para ter uma vida santa, a vida sem a qual, Cristo disse, eles não lhe pertenceriam; tudo isso eles abandonaram como uma impossibilidade e, mesmo assim, não contentes por não ter uma religião e imaginando ser impossível olhar para o futuro sem nenhuma esperança, eles fabricaram um Cristo de acordo com a ideia deles e criaram infinitas teorias que combinassem com o que sentiam no coração. O pior de tudo, no entanto, é que a grande maioria de mestres do cristianismo adotou essas teorias e passa a vida inteira interpretando erroneamente o Cristo do evangelho.

Suponho que todos nós esperamos que os seguidores de Jesus sejam diferentes do povo em geral. Suponho que devemos considerar que os discípulos e líderes do caminho que leva a Jesus sejam, de alguma forma, livres da opressão que o mundo sofre.

Quando surgiram notícias de que havia sacerdotes molestando crianças, o mundo indignou-se, e com razão. Lembro-me de ter lido que a porcentagem de pedófilos de toda a população dos Estados Unidos era mais ou menos a mesma porcentagem dos sacerdotes pedófilos. Por algum motivo, a notícia não me fez sentir melhor. O mundo não anseia mais pelas mesmas coisas; o mundo anseia por algo diferente: um povo que personifique o bem. Liberdade de dentro para fora.

No entanto, seja qual for o sistema religioso ao qual aderimos, a opressão tem de ser desaprendida bem no fundo de nosso íntimo. No deserto, longe do Egito, Moisés foi convidado a exercer um novo tipo de liderança. Ele precisou dispor-se a abandonar tudo o que aprendera antes a fim de aceitar o convite de Deus para fazer algo que não poderia ser feito de nenhuma forma humana.

Lembro-me de ter visto *Além dos portões da glória*, um documentário sobre a vida de Jim Elliot. É uma história extraordinária. Ele e quatro amigos missionários foram mortos quando tentavam levar o evangelho à tribo dos aucas em uma região remota do Equador. Posteriormente, Elisabeth, esposa de Jim, seguiu de canoa com seu filho para dizer aos aucas que ela os perdoava. A verdade é que a tribo era notoriamente violenta. Todas as linhagens familiares estavam terminando de forma trágica, o que era retribuído e aumentado com novos ataques. A tribo estava simplesmente se matando. Deus interrompeu o ciclo e acabou redimindo a tribo inteira porque uma mulher, viúva e com um filho, decidiu seguir Jesus em meio à dor de sua perda, oferecendo a ele a possibilidade de sua própria morte e do futuro de seu filho.

No final do documentário, há uma conversa entre o homem que matou um dos missionários e o filho do missionário. O homem "adotou" o menino como seu filho; o filho passou a chamá-lo de tio. O tio expressa um profundo remorso e começa a chorar enquanto consegue dizer estas palavras: — Lamento muito ter tirado a vida de seu pai.

O filho interrompe-o e diz gentilmente: — Você não tirou a vida dele. Meu pai a entregou. — Uma correção poderosa e importante!

O mundo segue o caminho do poder. Da força. Mas Deus caminha por meio de nossa fraqueza, nossa dependência, nossa obediência a seus preceitos — mesmo que pareça morte certa. Na verdade, é morte certa. Sabemos que o Reino de Deus avança de uma forma que nunca entenderemos e que nem mesmo o poder da morte pode derrotar a vinda do Reino de Deus. Se somos capazes de entender isso, somos verdadeiramente livres.

Moisés teve de aprender o caminho do Reino. Temos um vislumbre da liberdade "imprudente" de Moisés quando ele continua a confrontar a superpotência do mundo e o homem mais poderoso do Planeta. Repetidas vezes. Moisés confronta o faraó, e todas as vezes põe a vida em risco. E todas as vezes depende totalmente de Deus. E Deus se manifesta.

Estabeleça um contraste entre isso e quando Moisés tentou agir de acordo com o caminho do mundo. Talvez ele só conhecesse seu Deus na teoria, não pessoalmente. Afinal, sua vida inteira tinha girado em torno do controle e do poder. Ele fora criado em um palácio. Tentara fazer justiça com as próprias mãos e tinha se tornado opressor. Na música "Paz na terra", do U2, Bono canta: "Você se torna um monstro, para que o monstro não o destrua". Violência gera violência, e até as melhores pessoas sucumbem na tentativa de justificar-se e parecer boas à custa dos outros. Somente Deus pode realizar seus propósitos em seu caminho e para a sua glória.

Quantas vezes você descobriu que está andando em seu próprio caminho? É difícil abandonar antigos hábitos. O antigo modo de pensar parece arraigado. Os medos de longa data permanecem firmes, e o acesso a novas possibilidades e novas histórias parece impossível.

Há uma oração que muitas pessoas que se encontram na fase dos 12 passos para recuperação repetem, na esperança de ter uma nova experiência. Esta é uma de suas versões:

> *Deus,*
> *por favor, ajuda-me a pôr de lado*
> *tudo o que* penso *que sei*
> *a respeito de mim, de meu quebrantamento,*
> *de meu caminho espiritual, e principalmente de ti,*
> *para que eu tenha uma mente aberta*
> *e uma nova experiência com todas essas coisas.*
> *Por favor, permite que eu veja a verdade.*
> *Seja feita a tua vontade.*
> *Amém.*

Quando somos interrompidos em meio aos afazeres como de costume, com uma confrontação com nosso ego — nossa falta de capacidade de mudar o mundo —, o Deus de Abraão convida-nos a nos esvaziar e a aprender um novo caminho. Encontraremos esse novo caminho no fim de nosso orgulho. Quando finalmente decidimos desaprender as coisas do Egito e aceitar o caminho de Javé, tirando nossas sandálias e nos curvando diante de Deus como Moisés, podemos começar a ver nosso mundo mudar rumo à liberdade.

Moisés encontra a liberdade quando aceita a posição de servo. Seus pés descalços pisam na terra. Ele curva-se. Ajoelha-se diante do Deus de seus pais e entrega suas conquistas, fracassos, capacidades, esperanças, sonhos e arrependimentos. Isso é agora muito maior que Moisés. Comece a desaprender.

Encontrando a liberdade

Do que você precisa desaprender a fim de avançar em direção ao caminho do Reino?

O que você pode deixar de lado para tornar o caminho mais claro?

CAPÍTULO 6
Há um faraó em todos nós

> Contudo, o coração do faraó
> se endureceu, e ele não quis dar ouvidos
> a Moisés e a Arão, como o Senhor tinha dito.
>
> ÊXODO 7.13

Quando lemos a história do Êxodo, por que sempre supomos que temos muitos traços em comum com os israelitas? Este livro tenta fazer uso dos princípios da liberdade e aplicá-los à nossa vida atual, com a finalidade de garantir que a libertação se destina à nossa vida real. No entanto, como parte dessa jornada precisamos ser sinceros a respeito de quem somos e do tipo de opressão que ameaça nosso futuro. E se não fôssemos os israelitas? E se fôssemos os egípcios? Como interpretaríamos essa história se não fôssemos vítimas clamando a Deus, mas opressores arrogantes confrontados pelo Deus dos oprimidos? Seria bom considerarmos essa possibilidade.

Eu havia acabado de visitar o Tennessee. Antes de embarcar no avião que me levaria de volta a Los Angeles, tive tempo de parar ao lado de um latifúndio histórico em Franklin, o local de uma grande batalha na Guerra Civil Americana. Fazia muito tempo que a situação se revertera — as forças confederadas sabiam que a luta havia chegado ao fim —, mas morreriam tentando vencer. Literalmente. Homens e garotos, maridos, pais e filhos morreram em um massacre virtual enquanto continuavam a atacar as forças da União, com menos tropas, menos armamento e mal aconselhados.

Enquanto eu visitava o local, os tumultos pelas manifestações raciais dominavam os noticiários de Charlotte, na Carolina do Norte. O movimento Black Lives Matter [Vidas Negras Importam] estava ganhando impulso, e as tensões espalhavam-se cada vez mais em um país racialmente dividido. Achei que deveria ter uma ideia da raiz do problema. Havia visitado o local para extrair lições sobre a escravidão. Estava tentando entender como as pessoas podiam ter participado do ato de escravidão como um assunto rotineiro.

Um dia quente e abafado, mas um lugar pitoresco nos aguardava quando descemos da caminhonete e caminhamos em direção às colinas verdejantes, cobertas de laranjeiras-de-osage, que proporcionavam sombras em lugares estratégicos. Entrei na loja de conveniência e comprei um folheto com um mapa para ajudar-me a percorrer o local. Foi então que me dei conta de que havia algo estranho a respeito daquele lugar.

Não havia praticamente nenhuma referência à escravidão. A sequência de eventos mostrada no folheto listava as datas em que a propriedade fora construída e o latifúndio tivera início; depois, o início da guerra, a batalha e o "fim da Guerra Civil", sem mencionar nada a respeito da escravidão. Havia um exemplo de alojamentos de escravos/servos, que pareciam adaptar-se melhor a um museu. Continuei relendo o folheto e comecei a olhar para as outras pessoas ao redor. Todos nós éramos brancos.

Caminhei até o cemitério, onde os soldados da Confederação que "tombaram" haviam sido enterrados novamente de modo digno, em um cemitério organizado, com identificação nos túmulos, flores por toda parte, portões de ferro e jardins bem cuidados. Tudo ali era pago e mantido pela United Daughters of the Confederacy [Filhas Unidas da Confederação].¹ O folheto mencionava que vários túmulos espalhados, sem identificação e mal conservados, poderiam ser aqueles onde alguns "servos" haviam sido enterrados.

Procurei por toda parte uma placa que reconhecesse a dor e o sofrimento dos seres humanos vindos de outra região do mundo que foram capturados e vendidos. Tentei encontrar uma apologia ou uma lição aprendida com a história dolorosa do sistema de escravidão dos estados sulinos. Procurei encontrar um cronograma de quando os escravos foram trazidos para cá, como vieram e quando e como partiram. Não havia nada. Nenhuma menção. Nenhuma apologia. Nenhum reconhecimento. A escravidão era simplesmente tratada como a antiga propriedade: um fato histórico, neutro. Nada de errado aqui. A verdadeira tragédia do latifúndio de Franklin, de acordo com o folheto, eram os soldados que tombaram na batalha, os seres humanos que foram mortos em defesa do direito do Sul de manter outros povos escravizados.

Sei que pareço um pouco tendenciosa. E talvez eu seja. Sou estudante da escravidão e da liberdade. Mas todos os elementos daquela visita gritavam "negação" para mim. O não reconhecimento da dor e do sofrimento, os túmulos abandonados e sem identificação das "outras vidas" perdidas na história do Sul, de escravidão e sofrimento. Parece que as pessoas que cuidam daquele local histórico não se dão conta de sua própria história opressiva. Tudo indica que, mesmo depois do sacrifício de seus jovens, o coração daquela gente tenha permanecido duro diante de sua própria cumplicidade, de seu próprio pecado.

Penso que a visita me atingiu em cheio porque me lembrei de outra visita, a Robben Island, na região costeira da Cidade do

---

1 Associação de mulheres americanas, fundada em Nashville, Tennessee, em setembro de 1894, cujos objetivos incluem homenagens aos soldados confederados e financiamento da construção de memoriais para eles. [N. do T.]

Cabo, na África do Sul, onde Nelson Mandela passou a maior parte de seus vinte e sete anos de detenção como prisioneiro político do regime do *apartheid*. Após ser eleito presidente da África do Sul, ele abriu a Robben Island como uma "universidade", onde qualquer pessoa podia frequentar e aprender as lições dolorosas da opressão a fim de não permitir que ela nos faça cair em sua rede de novo. Veja bem, Nelson Mandela entendeu que, a menos que a verdade seja contada e admitida, ela simplesmente se repetirá. O coração de Mandela era brando, inclinado aos propósitos mais elevados que Deus tinha para ele e seu país. Ele instituiu a Comissão da Verdade e da Reconciliação tanto para as vítimas como para os agentes do *apartheid*, para que a verdade fosse revelada e houvesse união entre todos no futuro. Foi difícil. Foi horrível. Digamos que tenha sido o fato mais incrível que o mundo já testemunhou.

Uma amiga minha, branca e sul-africana, está escrevendo um livro sobre a vergonha que sente e o processo de cura por ter feito parte da supremacia branca que causou tanto sofrimento. Ela diz que gostaria que sua pele fosse de uma cor diferente. A cura ocorreu quando ela reconheceu a vergonha e a dor por fazer parte de um sistema privilegiado que a colocava em um nível superior à custa de outras pessoas, cuja cor de pele era diferente da sua. Para os corações endurecidos, há duas opções aqui: envergar ou quebrar.

Minha visita ao latifúndio de Franklin foi mais comovente ainda por causa de uma amiga que me acompanhou. Minha amiga Taanis é uma mulher forte e bela das Primeiras Nações (indígenas norte-americanos). Enquanto eu me esforçava freneticamente para encontrar no mapa uma pista, uma ilustração ou prova a respeito da escravidão, Taanis sentou-se à sombra de uma grande laranjeira-de-osage e orou. Contou-me depois que sentiu as orações das outras pessoas que sentaram embaixo da mesma árvore e encontraram palavras para orar por ajuda, por propósito, por libertação. Disse que encontrou somente uma pergunta em sua oração por ela própria: *por quê?* Essa única pergunta — o peso puro e simples da oração — deixou-nos em silêncio por alguns momentos no caminho para o aeroporto. Por quê? Por que oprimimos uns aos outros? Por que endurecemos o coração? Por que nos permitimos ser subjugados em vez de nos curvar diante de Deus? Por que não reconhecemos nossa dor, pecado, culpa e vergonha, para nos libertar?

Por mais que eu queira me identificar com os israelitas, talvez a própria forma sutil de negação daquele povo dê a entender que essa é a única maneira pela qual a história do Êxodo se aplica. A verdade disso é muito diferente.

Neste momento, toda a nossa economia ocidental continua a prosperar à custa dos povos mais pobres do mundo. Mulheres e crianças da Índia e de Bangladesh, muito distantes de nossos olhos, trabalham penosamente nos campos de algodão, quase sempre como escravas não remuneradas, para que eu compre uma camiseta por 5 dólares. Com essa aquisição economizo dinheiro para comprar um café barato colhido pelos lavradores da Etiópia e Papua Nova Guiné, que foram extorquidos por alguém ou empresa cujo nome não sei e não quero saber, porque me importo mais em tomar meu café acompanhado de um *donut* de chocolate do que me preocupar com pessoas que não possuem recursos para alimentar a família. Tudo isso sem falar daquele *donut* feito com o cacau colhido por crianças escravizadas nos latifúndios de cacau na Costa do Marfim, na África. A maioria daquelas crianças escravizadas foi traficada do Mali porque eram extremamente pobres e vulneráveis às piores formas de opressão. Mas quem se importa, porque nada é mais saboroso do que café acompanhado de chocolate.

A escravidão continua costurada em minhas roupas e misturada à minha comida e bebida, e esqueci-me de mencioná-la: no folheto de meu coração endurecido. Nesse meio-tempo, os Estados Unidos estão construindo mais prisões, escravizando verdadeiramente pessoas de cor, conforme argumentado com candura deslumbrante pela acadêmica jurídica Michelle Alexander em seu livro *The New Jim Crow* [O novo Jim Crow]: "Não extinguimos a casta racial nos Estados Unidos; simplesmente a redesenhamos".

A "guerra contra as drogas" iniciada décadas atrás está dizimando comunidades de negros, e o sistema de justiça criminal americano relega milhões de pessoas de cor a uma posição de cidadãos permanentes de segunda classe — funcionando como um sistema contemporâneo de controle racial mesmo quando adere formalmente ao princípio do "daltonismo racial". No entanto, quando dou a entender que a vida dos negros é importante, sou chamada de ingênua e até de violenta.

Essa história poderia ter sido diferente em nosso tempo? Acho que a resposta está no modo com que reagimos ao mesmo Deus que ouve o clamor dos oprimidos. Há um faraó em todos nós.

Você não pode se esconder da verdade. Não pode fingir que não aconteceu, que não é importante ou que não tem nada que ver com você. Bom, pode por uns tempos, se quiser ser faraó. Imagine por um momento estar na mente e no coração da pessoa mais poderosa do Planeta. Uma pessoa que acumulou riqueza e poder à custa de explorar o povo. Um dia, um pastor de ovelhas entra no palácio e avisa profeticamente que Deus está do lado dos oprimidos; é chegada a hora de deixá-los partir.

Você fica chocado? Atordoado? Acha engraçado? Reage com um reconhecimento imediato de culpa e vergonha? Pede desculpa?

Não. Você começa a agir. Prepara-se para lutar por seus direitos junto ao reino que você construiu. Protege suas riquezas e espólios de guerra. Uma indignação justa toma conta de você diante da audácia e ingratidão de um escravo que confronta sua liderança. Sua reação é a de negar e defender-se, o que não passa de outra forma de dizer que seu coração endureceu, porque a verdade será dolorosa, vergonhosa e dura. E talvez tenha um custo para você. Então você se esquece disso e diz a si mesmo que *aquela gente* deveria estar feliz por fazer parte de seu sistema econômico, que eles não deveriam ser tão maus e que nunca agradeceram por tudo o que você fez por eles.

E se você fosse o faraó? E se nós fôssemos o Egito? Leríamos a história do Êxodo de forma diferente? Como nos sentiríamos ao ouvir as palavras de Deus a Moisés e as de Moisés a nós? Como seria se nos apegássemos ao nosso orgulho à custa de nossos filhos?

Talvez consigamos vencer à custa de luta, à custa do sangue de nossos filhos. Talvez consigamos vencer à custa das dificuldades que atravessamos quando os escravos finalmente são libertos, quando passamos a recolher os cacos, tentando permanecer reis. A recusa em reconhecer onde somos faraó, onde somos Egito, é a própria escravidão — escravidão a uma mentira. Todos os grandes reformadores da História viram a libertação estender-se além dos oprimidos, resultando na redenção do opressor e na reconciliação de ambos.

Causamos todos os tipos de danos a nós e às pessoas ao nosso redor quando negamos nosso envolvimento com a opressão. A negação da realidade — a mentira a nós mesmos — é um fenômeno estranho, porém verdadeiro, com o qual todos nós lidamos; todos nós temos a tendência de negar. "Não gasto muito dinheiro." "Vou praticar exercícios físicos mais tarde." "Não vou ser pego." "Isso não vai me machucar." Identificamos o primeiro exemplo de negação muito tempo atrás, em uma pequena história sobre a criação da humanidade, quando os seres humanos negaram o que Deus disse e fizeram o que queriam. A negação está bem no fundo de nossa condição humana.

E a negação costuma trabalhar para nós. Aqueles que já fizeram árduo treinamento físico para uma corrida sabem que a negação é uma ferramenta fantástica para dizer ao corpo que ele deve continuar a correr quando está claramente exausto. Pode também passar por cima da vergonha e do medo, como um mal menor com o qual muitos de nós somos capazes de conviver.

O problema da negação é quando ela alimenta um comportamento negativo ou uma consequência negativa. Torna-se um problema ainda maior quando se trata de uma negação em grupo. Se você está cercado de um grupo de pessoas que pensam, vivem e compartilham as mesmas coisas, é bem possível que todos estejam em estado de negação.

Passei parte de meu ministério na última década exercendo capelania em bordéis no Canadá. Aprendi muito sobre negação e seu papel na opressão. Toda a retórica em torno dos salões de massagem legalizados do Canadá gira em torno de empoderamento. As mulheres que trabalham nesses salões aprendem que são completamente empoderadas, que estão exercendo o direito que Deus lhes concedeu de vender o corpo e ganhar rios de dinheiro. Muitas aceitam totalmente essa mentira. Quando visitei um desses lugares pela primeira vez, esta foi a principal resposta das mulheres: "Amamos nosso trabalho".

Lembro-me claramente de uma conversa com uma mulher que dirigia um bordel em Edmonton, Alberta, e trabalhava lá. Era um estabelecimento em decadência, conhecido por seus "padrões frouxos". A mulher recebeu-me e à minha equipe à porta e imediatamente nos disse que não éramos bem-vindas. Eu não costumava passar por ali, portanto a resposta dela não me surpreendeu. Mas sugeri que precisava da ajuda dela: era novata na cidade e não sabia como a indústria funcionava nem como ajudar as mulheres. Perguntei se ela colaboraria comigo. Ela concordou e tornamo-nos boas amigas.

No dia em que a visitei, a filha daquela mulher estava completando 19 anos. A mulher estava lamentando o fato de que a filha ainda não decidira o que fazer no futuro. Pensei em voz alta por que ela não assumia o "negócio da família", uma vez que atingira a maioridade. O comentário não soou bem. Minha amiga perdeu a calma — eu nunca tinha ouvido algumas palavras que ela usou para descrever o que faria com alguém que ousasse oferecer um emprego daquele tipo à sua filha. Depois disso, acho que não é empoderamento trabalhar em um bordel.

O que encontrei naquelas primeiras visitas foi *negação*, uma ferramenta poderosa que usamos para impedir que a opressão nos derrube. Isso sem falar na negação dos homens que frequentam tais lugares. Quando são pegos comprando sexo de uma prostituta, os homens quase sempre apresentam uma série de motivos para explicar por que o problema não é tão grande assim. Recomendo a leitura de um ótimo livro de Victor Malarek, intitulado *The Johns: Sex for Sale and the Men Who Buy It* [Os joões: o sexo à venda e os homens que o compram], para você ter uma descrição total, mas basta dizer que as desculpas vão desde "Eu estava fazendo a minha parte para ajudá-la a ganhar a vida" a "Ela gostou demais" ou "Não estou fazendo nada errado" e outras mais. Uma amiga minha dirige um local chamado "John School", um programa para infratores primários que desejam evitar processo e registro criminal. O programa da John School dura um sábado inteiro e inclui uma inscrição. A parte mais importante do dia é quando uma mulher chega e conta a história de como foi explorada. Isso muda tudo. Todas as mentiras, todas as negações e o falso pretexto de inocência desaparecem, e os joões são confrontados com o preço de seres humanos verdadeiros.

A mulher conta uma história ouvida por todos nós que conhecemos a opressão da prostituição. Foi molestada sexualmente na infância. Fugiu e não tinha dinheiro para pagar as contas. Foi forçada a vender o corpo aos homens para sobreviver. Odiava essa condição que a machucava — física, mental e espiritualmente. Odiava os *homens*. Sentia repulsa por todos eles. Odiava sua vida e queria morrer. Minha amiga diz que os homens mudam no momento em que ouvem a verdade.

Esse programa tem um índice sem precedentes de reincidência: 90% dos homens que vão àquele curso de um dia nunca mais pagam por sexo. Penso que isso se deve ao fato de eles finalmente ouvirem o clamor.

Não há como negar a verdade quando ouvimos o clamor. O faraó recusou-se a ouvir o clamor; Deus o ouve instintivamente. No encontro com Moisés, Deus refere-se a ele próprio como o Deus que escuta o clamor (v. Êxodo 3.7). E essa não é a primeira vez que as Escrituras usam essa palavra (veja, por exemplo, Gênesis 21.17).[2] Deus é o oposto de indiferente, descuidado, insensível e desligado. Ele é levado a agir porque ouve seu povo. Ele é o Deus que ouve o clamor. Você ouve?

Quando estamos completamente envolvidos na negação, não podemos obter ajuda. Esse é o aspecto mais frustrante da escravidão e a prova de que estamos presos em suas garras. Será que vamos nos arrepender de nossa negação e aceitar o convite que Deus nos faz de mudar nossa mente e comportamento? Vamos nos humilhar para ouvir o clamor dos oprimidos, dando um fim ao nosso modo de vida? Estamos dispostos a fazer mudanças difíceis para permitir que a opressão solte as garras que prendem aqueles que foram afetados por nós? Vamos quebrar ou envergar? Há um faraó em todos nós.

Encontrando a liberdade

Onde você encontra traços do faraó em você?

Quem, em sua opinião, pode ajudar você a deixar a negação para trás e curvar-se em direção ao Reino de Deus?

---

[2] Na Nova Versão Internacional, *choro*. [N. do T.]

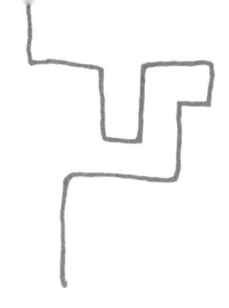

CAPÍTULO 7
Tudo piora antes de melhorar

> No mesmo dia o faraó deu a seguinte ordem aos feitores e capatazes responsáveis pelo povo: "Não forneçam mais palha ao povo para fazer tijolos, como faziam antes. Eles que tratem de ajuntar palha! Mas exijam que continuem a fazer a mesma quantidade de tijolos; não reduzam a cota. São preguiçosos, e por isso estão clamando: 'Iremos oferecer sacrifícios ao nosso Deus'. Aumentem a carga de trabalho dessa gente para que cumpram suas tarefas e não deem atenção a mentiras".
>
> ÊXODO 5.6-9

Um dos momentos mais estranhos na longa caminhada dos israelitas rumo à liberdade é quando eles começam a reclamar da comida que Deus forneceu no deserto (v. Êxodo 16). É estranho de muitas maneiras. Já ouvi alguns sermões a respeito dessa passagem e, na grande maioria, eles dizem a mesma coisa: os israelitas foram tão ingratos que se esqueceram dos malefícios da escravidão. Eles enganaram a si mesmos pensando que a escravidão era melhor que uma leve refeição de maná.

A verdade é que, conforme viemos a descobrir, os israelitas viveram muito bem no Egito por um longo tempo. Enquanto a opressão não ameaçou subjugá-los, eles estavam trabalhando no maior mercado em desenvolvimento do mundo, morando em casas próprias e cuidando de seus rebanhos. Provavelmente gostavam do que comiam e agora sentiam falta da variedade dos alimentos de alta qualidade do Egito que tinham tido até então.

Tenho um palpite de que a reclamação deles não se limitava à qualidade do alimento disponível no deserto. Deve ter sido relacionada à *quantidade*.

Deus disse aos israelitas que ajuntassem a quantidade necessária para cada dia. Se ajuntassem além disso, o alimento apodreceria. E foi o que aconteceu. O povo acumulava o maná, e o alimento apodrecia no dia seguinte.

Esse treinamento único estava ensinando uma lição ao povo de Deus não apenas sobre a provisão de Deus, mas também sobre o modo de ele prover. Ele provê *o que necessitamos*. Quando pegamos mais do que necessitamos, algo sempre apodrece.

O Egito havia ensinado aos israelitas exatamente o oposto desse valor do Reino. O Egito havia ensinado os israelitas a cuidar de suas próprias provisões, a ser sovinas, a pegar para si. *Ser mão fechada* — é o nome que dou. É assim que os tiranos prosperam.

A escravidão sempre ensina o povo a pegar para si. Somos ensinados a ter um espírito mesquinho de sobrevivência, a pegar tudo o que pudermos, a qualquer hora, usando todos os meios necessários. Madre Teresa disse certa vez a um repórter que ele não deveria culpar Deus pela pobreza. A pobreza terrível existe, ela disse, simplesmente porque os filhos de Deus se recusam a dividir o que possuem. E ela estava certa.

E se tudo aquilo de que não necessitamos apodrecesse no local? Você é capaz de imaginar os vermes?

Na verdade, os egípcios entregaram todos os seus tesouros aos israelitas quando estes partiram. Não temos muitas informações sobre o Egito após a saída dos israelitas, mas penso que é seguro dizer que o Egito aprendeu a lição de ser mão aberta da maneira mais difícil.

Aprender a viver de maneira diferente é sempre mais difícil do que imaginamos. E tudo sempre piora antes de melhorar. Liberdade é um caminho longo a ser percorrido. Pergunte a Nelson Mandela. Ele foi prisioneiro político durante vinte e sete anos. E o preço não abalou apenas seu corpo. Foi um ataque à sua vida por inteiro. Sua esposa, seus filhos, seu futuro, seu espírito, sua esperança — tudo o que ele viveu foi escravidão.

No entanto, na história de sua vida ele fala da longa caminhada rumo à *liberdade*. O processo começou na prisão: a capacidade de perdoar, os olhos para ver os bons propósitos em cada ser humano, independentemente de cor ou raça, criaram raízes nele enquanto esteve preso. Ele começou a sonhar com um mundo completamente diferente, um mundo baseado em igualdade, não na cor da pele.

Quando alguém visita Robben Island, é recebido por um guia de turismo que foi prisioneiro ali. O guia o leva a uma excursão pessoal, contando as lembranças do tempo em que passou ali até o prédio de sua antiga cela e os antigos lugares de trabalho forçado. É incrível. A certa altura, todos nós sentamos na antiga cela de nosso guia, e ele nos diz que poderíamos perguntar o que quiséssemos. A maioria fez perguntas simples, até que alguém lhe fez esta: — Qual foi a coisa mais difícil nesta prisão?

A resposta de nosso guia chocou-me. — Sair desta prisão — disse ele — foi a coisa mais difícil.

Ficamos estupefatos. Acabávamos de ver como ele tinha vivido naquela prisão. Foi horrível. Não conseguíamos entender.

Ele começou a explicar que, ao chegar à prisão, sentiu raiva, frustração e medo. Mas conheceu alguns prisioneiros que lhe ensinaram um modo diferente de viver. Ele aprendeu a perdoar, pedir ajuda e sonhar com um novo mundo. Quando saiu da prisão, contou, foi que o verdadeiro trabalho começou. Ele teve de perdoar realmente e começar a construir um novo mundo. Aquela foi a parte mais difícil.

Ele está certo. Um dos sinais da liberdade é que tudo piora antes de melhorar.

Se você perguntar a um dependente químico em fase de desintoxicação, ele dirá que sua vida não está melhor. Ele só se sentirá livre depois que passar pela dor do afastamento das drogas e da reconstrução de uma vida normal. Essa fase inclui dor física e emocional — lembranças de mágoas e arrependimento pelo sofrimento que causou a outras pessoas. Inclui também reconhecer a culpa e reparar alguns erros. A caminhada será longa por ter de lidar não apenas com os efeitos do uso da droga em seu organismo, mas também das condições que o levaram a começar a usá-la. Se formos sinceros, todos precisamos lidar com o pecado da mesma forma que um dependente químico lida com a desintoxicação. Aquilo que nos traz liberdade quase sempre é uma experiência dolorosa.

Em meu trabalho de muitos anos no Exército de Salvação, ouvimos essas histórias incríveis e milagrosas de transformação. Alguns anos atrás, deparei com os sete passos para a salvação, de William Booth, que no início do Exército de Salvação eram usados para levar pessoas ao arrependimento, à fé e a um relacionamento com Jesus. É extraordinário: cinco dos sete passos tratam do pecado. Não sei quem você conduziu a Jesus nem como o fez, mas raramente lido com o pecado com tanta intensidade. Em geral, o pecado vem mais tarde, naquilo que chamamos agora de "libertação".

Penso, no entanto, que Booth entendeu que libertação e salvação estão profundamente conectadas. Isso faz sentido ao pensarmos na perspectiva de escravidão. Se fomos chamados da escravidão para a liberdade, deve ocorrer uma operação enorme: temos de ser libertos das correntes externas e internas da escravidão. Temos de nos libertar de nossos escravizadores. A salvação é uma experiência de imersão. É uma atitude para a vida inteira. Uma entrega de nosso "eu" todos os dias.

Há um verso de uma canção famosa que diz a Deus: "Por ti eu renuncio a todos os prazeres do pecado". Não faz muitos anos, houve certa confusão com a expressão "prazeres do pecado". Sugeriu-se que o pecado não poderia ser considerado prazeroso. Houve, então, uma luta para mudar a expressão para "loucuras do pecado". Mas tenho de dizer que há coisas acerca do pecado que são atraentes (ao menos no início). E muitas práticas pecaminosas trazem prazeres efêmeros. É evidente que não duram e produzem atitudes mentais de escravidão, mas gosto da ideia da canção original por muitos motivos. Admitir que a escravidão é um mal inerente é um começo; mas afastar-se da prática da escravidão e renunciar a seus benefícios para nós é igualmente importante. Ambos precisam andar juntos. O processo da salvação e da libertação é o mesmo; a salvação e a libertação trabalham juntas para nos libertar de dentro para fora.

Recentemente a BBC produziu um documentário sobre a indenização mais alta de toda a História paga pelo governo. A indenização estava ligada à mudança da lei do parlamento para abolir a escravidão pela qual William Wilberforce e seus amigos lutaram a vida inteira. No livro *Amazing Grace* [Graça maravilhosa], um biógrafo de Wilberforce deu a entender que o ato de maior grandeza que ele fez foi mudar a mente das pessoas a respeito da escravidão. Antes dele, o povo acreditava que a escravidão era moralmente justificável; após Wilberforce, a escravidão passou a ser ilegal e imoral no mundo inteiro.

No entanto, para dar fim à escravidão legal, o governo teve de conseguir que a elite e as famílias poderosas da Grã-Bretanha concordassem com a nova lei. Teve de comprá-las. "O governo britânico pagou 20 milhões de libras", relatou Sanchez Manning no jornal *Independent*, "para compensar cerca de 3 mil famílias que possuíam escravos pela perda de sua 'propriedade' quando a escravidão foi abolida nas colônias da Grã-Bretanha em 1833. Esse valor representou um número impressionante de 40% do orçamento anual do Tesouro e, em termos atuais, calculados como valores salariais, equivale a cerca de 16,5 bilhões de libras".

O governo indenizou esses senhores de escravos porque queria libertar os escravos e mudar a maneira pela qual o mundo funcionava, e sabia que aquela gente jamais apoiaria a lei se perdesse sua estabilidade econômica. Meus amigos britânicos consideram ultrajante essa verdade. Acreditam sinceramente que fora apenas um ponto crítico de indignação moral que mudou o curso dos acontecimentos na luta contra a escravidão na Grã-Bretanha. Mas o fato é que a liberdade exige muito trabalho e muito tempo — e o preço é alto.

Bilhões de dólares equivalem a uma guerra civil? Foi assim que os Estados Unidos derrubaram seu comércio de escravos — um preço realmente alto. A liberdade sempre tem um preço. Leva muito tempo e exige muito sacrifício e trabalho árduo. Nosso desejo sempre foi o de uma versão fácil e rápida da liberdade. É o que gosto de chamar de maldição Disney: nós igualamos a transformação de vida, as mudanças do coração e as consequências no mundo a uma fada madrinha que aparece no momento certo e com a quantidade certa de pozinho mágico. Nos filmes, mudanças dramáticas ocorrem rapidamente, porque os filmes têm um limite de tempo. Mas na vida real as coisas não funcionam assim. Na vida real, o preço da liberdade é muito alto. Exige muito tempo, trabalho e esforço para seguir um novo caminho.

Certamente todos nós sabemos qual é o preço de enfrentar e mudar o modo de vivermos. Em sua vida, quando você se viu em busca da liberdade? Qual foi o preço que pagou? O sofrimento valeu a pena? Desde hábitos alimentares até controle da ansiedade, a liberdade — sempre que ocorre — tem um custo para nós.

Se conseguíssemos nos livrar da maldição Disney e parar de pensar que a liberdade ocorre magicamente com alguns pozinhos e uma simples oração, seríamos capazes de percorrer a longa jornada e também de acompanhar outras pessoas nessa jornada. A situação melhora com certeza quando as encorajamos com uma grande nuvem de testemunhas ecoando nossas palavras com sua própria vida e dizendo que tudo piora antes de melhorar. Depois que tudo for dito e feito, a jornada rumo à liberdade terá valido a pena.

Encontrando a liberdade

Até que ponto você é suscetível à maldição Disney?

O que o assusta quando pensa em uma liberdade maior em sua vida?

O que o ajudaria a ter coragem para enfrentar as partes difíceis da jornada rumo à liberdade?

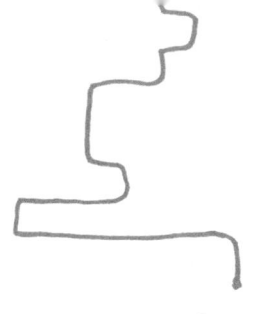

CAPÍTULO 8

O evangelho selvagem e a vida no deserto

> Moisés aceitou e concordou também
> em morar na casa daquele homem;
> este lhe deu por mulher sua filha Zípora [Pássaro].
> Ela deu à luz um menino, a quem Moisés
> deu o nome de Gérson [Estrangeiro], dizendo:
> "Sou imigrante em terra estrangeira".
>
> ÊXODO 2.21,22

TEMOS UM APETITE INSACIÁVEL pelo positivo. Tenho visto várias intenções de obter "salvação" apresentadas como meio para ser feliz e próspero. Isso é curioso porque a Bíblia parece não acompanhar essa tendência. Quase todas as personagens relevantes das Escrituras têm uma história trágica — e quase sempre um fim trágico. Em razão do resultado direto de escolher seguir a Deus, elas viveram circunstâncias difíceis. É certo que tiveram uma vida plena e cheia de aventuras, mas não foram exatamente exemplos de felicidade.

Estou escrevendo este capítulo durante a Quaresma, os quarenta dias que preparam nossa vida e coração para os eventos da Páscoa na tradição cristã. Evidentemente tomamos emprestada essa ideia dos judeus e de sua preparação para a Páscoa judaica.

A história do Êxodo apresenta-nos a primeira Páscoa dos judeus, relembrada como uma festa todos os anos desde a véspera da libertação dos israelitas do Egito. Os judeus fiéis prepararam-se para a Páscoa deixando de comer tudo o que contivesse fermento. O fermento veio para representar o pecado, a escravidão e a opressão; a ideia era livrar-se completamente do fermento como forma de antecipar a libertação.

Para dar início à Quaresma, os cristãos costumam usar o texto das Escrituras no qual Jesus é tentado no deserto. A explicação mais provável é que Jesus passou quarenta dias e quarenta noites no deserto. Mas talvez haja outros motivos; por exemplo, talvez essa história a respeito de Jesus nos lembre a história do Êxodo, que começa em um deserto com um homem chamado Moisés, que encontrou esperança ali. Talvez associemos a história de Jesus à história do Êxodo porque seus quarenta dias no deserto refletem o tempo (quarenta anos) que os israelitas passaram no deserto depois de terem sido libertos da opressão no Egito. O deserto representou um tempo de provação para Jesus, que evidentemente os israelitas vivenciaram enquanto atravessavam o deserto em direção à terra prometida — uma viagem curta que se transformou em longos quarenta anos completamente sem sentido.

Jesus aceitou a experiência no deserto como meio de ter uma vida verdadeiramente submissa. Mas os israelitas resistiram à experiência — odiaram o deserto. Israel resistiu à experiência no deserto, tanto que os israelitas passaram a vida andando em círculos, reclamando e instalando-se em cidades às quais deram nomes como "Mara", que significa amarga (v. Êxodo 15.22-24). Alguém disse certa vez que demorou um ano para Israel sair do Egito, mas foram necessários quarenta anos para que o Egito saísse de Israel. Os israelitas passaram uma geração inteira resistindo ao processo de "esvaziamento".

Em Gênesis 1, o Espírito paira sobre as águas do nada, de onde Deus inicia a criação. O processo de esvaziamento é a maneira pela qual chegamos ao nosso lugar do nada, do qual o Espírito pode criar algo novo em nós. Trata-se de um conceito difícil de entender e aceitar, mas ele é entrelaçado nas Escrituras como parte de nossa jornada de fé. Aceitar os lugares no deserto é um modo certo de nos aprofundar nas coisas do Reino de Deus.

O Espírito levou Jesus ao deserto; o Espírito encontrou Moisés no deserto; o Espírito levou os israelitas ao deserto. Jesus foi levado ao deserto logo após ter sido batizado — o que, para ser sincera, foi um pouco estranho. Jesus acabara de aceitar seu chamado divino para ser o Messias. Mergulhara (literalmente, por ocasião de seu batismo no rio Jordão) na condição humana a fim de lutar contra a sujeira e a lama de nossa opressão interna paralisante (geralmente conhecida como "pecado") e ser exemplo de vida plena. Foi uma espécie de momento mágico: os céus se abriram, uma pomba pousou nele e uma voz do céu confirmou sua aceitação pelo Pai. Deve ter sido um dia maravilhoso! O melhor de todos. O melhor que já existiu.

Você é capaz de imaginar um dia como aquele? Quando tudo dá certo? Falando sério, um momento no alto da montanha, quando você sabe, em seu íntimo, que ouviu a bênção do Pai — e ouviu até que Deus se orgulha de você! Pode ter sido essa a experiência dos israelitas depois que as águas do mar Vermelho se abriram e o exército egípcio afundou até ser completamente derrotado.

Após um momento como o de Jesus no alto da montanha em seu batismo, se você estivesse interessado em mudar o mundo, provavelmente daria uma entrevista coletiva à imprensa — ou iria direto a Jerusalém para anunciar às potências mundiais que há um novo Rei na cidade. Faria algo dramático e em público — ao menos iria para casa e diria à sua mãe: "Eu bem que avisei!". Mas as Escrituras contam uma história diferente, uma história estranha. *Imediatamente* após Jesus ter sido batizado, o Espírito o levou ao deserto (v. Mateus 4.1). Ao deserto. Sim, ao deserto.

Assim como Jesus, Moisés e os israelitas foram parar no deserto quase imediatamente depois de comemorarem um momento no alto da montanha: o exército egípcio, afogado no mar Vermelho. Mas, de forma diferente da ida de Jesus ao deserto, assim que os israelitas terminaram seu cântico e sua dança, as reclamações começaram. A murmuração foi aumentando gradualmente até formar um coro imenso de queixosos: Deus os libertara da escravidão para matá-los no deserto.

Quero, porém, rir um pouco dos israelitas, pelo menos zombar de sua falta de fé e gratidão. Mas preciso ser sincera. Veja bem, não sei quanto a você, mas tenho a tendência de acreditar que todas as coisas cruéis e horríveis que acontecem comigo procedem do inferno. O problema é que costumo chamar de "cruéis" e "horríveis" qualquer coisa que seja difícil e me ponha à prova.

É quase possível ouvir os israelitas reclamando de cada longo processo, de momentos de espera, de sede ou de precisar tratar uns aos outros com igualdade e justiça, além de compartilhar tudo entre si. Ou ter de andar quando se sente vontade de parar. Você entendeu a ideia. O deserto estava transformando os israelitas à semelhança de Deus. Era um campo de treinamento de preparação espiritual para representar Deus no mundo. O caminho de Deus é mais ou menos assim: parece que todos possuem o que necessitam, sem pegar o que querem. As pessoas dão espaço aos outros. O caminho de Deus aparenta humildade. Aparenta obediência a Deus. Aparenta perseverança e fé em tempos difíceis. Tudo isso dá o ar de profunda autenticidade espiritual e credibilidade. Nada — vamos encarar os fatos — é sensual.

Se formos sinceros, aquilo que preferimos fazer para representar Deus no mundo está ligado ao que o Diabo tentou Jesus a fazer no deserto.

1. Transformar pedras em pães (v. Mateus 4.3). Somos tentados a usar nossos dons em nosso favor, não em favor dos outros.
2. Atirar-se da parte mais alta do templo (cf. v. 5,6). Somos tentados a nos exibir — sempre à procura de uma grande produção, de uma exibição em público. De poder.
3. Ser o rei do mundo agora (cf. v. 8). Somos tentados a passar por cima da dor e ceder ao processo. Usar quaisquer meios necessários para alcançar o resultado desejado.

O mais impressionante a respeito das tentações é a proximidade com que se alinham ao destino de Jesus. O Diabo não pergunta nem uma vez se Jesus é o verdadeiro Messias, se ele veio para estabelecer seu Reino, se ele vai mudar o mundo. Ele somente tenta Jesus no *modo* de fazer essas coisas.

Jesus resiste ao tentador por saber que o modo de ele trazer o Reino é tão importante quanto a chegada do próprio Reino. Conforme Melissa Etheridge cantou — e descobri recentemente que se trata de uma citação de uma antiga mulher consagrada, Catarina de Siena — "Todo o caminho para o céu é céu". Jesus resistiu às grandes e gloriosas tentações do mundo — poder, dinheiro e fama — e optou por cidades pequenas, pessoas de pequena importância, pequenos seguidores. Comemorou o caminho do Reino de Deus — não o aplauso da humanidade, mas a voz amorosa de nosso Pai, extremamente orgulhoso de quem somos.

Os israelitas, por outro lado, resistiram à tentação com uma ferocidade quase cômica. Continuaram à procura de momentos importantes e gloriosos; queriam brilhar, e o queriam de forma instantânea. Queriam mais, coisas maiores, posição social... bom, eu poderia apresentar uma lista enorme. Estavam confundindo e atrapalhando o treinamento básico da vida no Reino. E eu também, se for sincera.

Podemos passar a vida inteira vagando no deserto, pateticamente infelizes em nossa fé, questionando Deus e preparando pequenos lugares para nos instalar. Podemos perder a experiência incrivelmente profunda do esvaziamento. O Diabo quer nos levar a seguir Jesus, mas de uma forma mundana. Saia do Egito, diz ele, mas leve todos os valores e sistemas do Egito com você. Seja cristão, sim, mas viva como todo mundo vive. O Diabo tenta manter-nos abarrotados de nós mesmos. E isso é problemático, porque quando nos esvaziamos Deus começa algo novo em nós.

Quando Jesus veio ao mundo, Filipenses 2 diz que ele se esvaziou de si mesmo. E, ao fazer isso, abraçou o chamado para salvar o mundo. Esse esvaziamento parece ser a única maneira de evitarmos que o ego, o poder e o sucesso determinem nossa vida e nossas ações. No deserto, quando aceitamos o processo de esvaziamento, damos tempo e espaço a Deus para que ele nos mostre as coisas em nós que estão no caminho. É uma entrega. De certa forma, é perder nossa vida. A maioria de nós sente-se profundamente desorientada a respeito desse processo. Sentimos que, ao nos tornar pessoas melhores, devemos receber mais: aprender outras estratégias ou desenvolver novas habilidades. O processo ao qual Deus nos convida é perder antes de ganhar. O que os outros pensam de nós não pode mais definir nossas decisões; esse era o caminho do Egito.

Quando João Batista viu que Jesus, o Messias, estava vindo, disse a seus seguidores: "É necessário que ele cresça e que eu diminua" (João 3.30). Menos de nós é a receita para mais de Deus em nossa vida e no mundo. Mas estamos dispostos?

Por quanto tempo resistiremos ao Espírito Santo pairando sobre nossa vida e criando algo novo de uma nova maneira? Imagino que o processo não necessite levar quarenta anos. Quanto tempo levará para você?

Encontrando a liberdade

Entre as tentações do Diabo no deserto, qual delas o deixa mais vulnerável?

O que pode ajudar você a aceitar um processo de esvaziamento para que Deus faça algo novo em sua vida e por seu intermédio?

Você é capaz de imaginar algumas formas de resistir ao processo de esvaziamento do deserto em sua vida?

Do que você necessita para perdoar a fim de ser liberto?

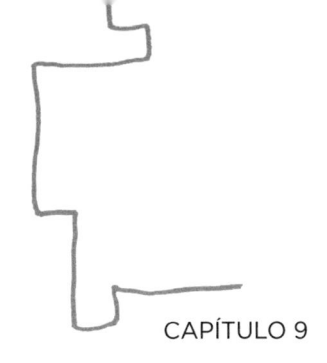

CAPÍTULO 9
O fim de cada um de nós

> Quem foram os que ouviram e se rebelaram?
> Não foram todos os que Moisés tirou do Egito?
> Contra quem Deus esteve irado durante quarenta anos?
> Não foi contra aqueles que pecaram,
> cujos corpos caíram no deserto?
> E a quem jurou que nunca haveriam de entrar
> no seu descanso?
> Não foi àqueles que foram desobedientes?
> Vemos, assim, que por causa da incredulidade
> não puderam entrar.
> HEBREUS 3.16-19

As PESSOAS EM PROCESSOS de recuperação usam algumas expressões úteis para descrever o tipo de comportamento que nos impede de viver livres — ou para se conformarem com a liberdade externa enquanto continuam a viver como escravos interiormente. Ficamos trancados em padrões de opressão cada vez mais profundos por causa do "pensamento malcheiroso". Encontramo-nos, como Moisés e o faraó em momentos diferentes na vida, "de joelhos" no lugar perfeito: "o fim de nós mesmos". O fim de nós mesmos — de nossa corrida, nossas mentiras, nossas desculpas, nossos ciclos de escravidão — é onde a liberdade verdadeira começa, de dentro para fora. Podemos chegar lá, como uma amiga sempre diz, pelo caminho do "arrependimento agora ou do julgamento depois". Mas, seja como for que chegarmos lá, é um bom lugar onde estar. Ouvi recentemente um homem que foi viciado em pornografia e sexo dizer mais ou menos isto: "Fui pego, e aquilo foi uma imensa graça".

Encontrar o fim de nós mesmos pode durar uma vida inteira. Acho que depende de nossa capacidade de sentir dor. Mas, caso essa ideia seja boa demais para ser verdade, vamos analisar juntos as três coisas que impedem a chegada da liberdade.

A cura geográfica

A cura geográfica é famosa por ser um meio de fuga. E as pessoas pensam em fuga como algo necessário para se libertarem. A maioria de nós, com exceção daqueles que estão presos na armadilha das condições externas de escravidão, não é "mantida" escravizada. A escravidão nos controla enquanto permitimos que ela nos controle. Entretanto, pensamos que nossas circunstâncias externas são a causa principal de nossa escravização interna. A mentira da cura geográfica é que basta você se mudar para um lugar diferente para encontrar uma realidade diferente e melhor. Minha experiência diz que as pessoas fazem isso *o tempo todo*. Continuam a mudar-se para lugares diferentes imaginando que sua realidade interna mudará. Se você estiver preso a antigos comportamentos, basta mudar-se para outra cidade, país, emprego, escola, igreja, e tudo será diferente. Certo? Errado.

A cura geográfica nunca trata do problema central: você não pode fugir de si mesmo.

Certa vez G. K. Chesterton escreveu uma resposta pelo jornal a um escritor que perguntou: "O que há de errado com o mundo?". Sua resposta foi: "Eu". O problema com o mundo é você. Enquanto você não parar de fugir de si mesmo, não se libertará. Vemos esse comportamento em Moisés, ao fugir de seu passado, de suas circunstâncias, de seu fracasso; vemos Moisés sendo confrontado por Deus no deserto muitos anos depois. Finalmente Moisés tem de reconciliar-se com ele próprio. Não pode fugir de sua vida. Tem de reconhecê-la como sua. Depois do confronto com Deus, Moisés começa a correr em direção a algo em vez de fugir de certas coisas. Começa a sair do lugar com um propósito, com uma firme intenção.

Você está correndo em direção a alguma coisa? Ou está fugindo? Se for tentado a acreditar que a geografia é seu maior problema, está acreditando em uma mentira. Nossa jornada não é definida por nossa geografia. É definida por nós.

A cura por meio de relacionamentos

Não sei dizer até que ponto a cura promovida pelos relacionamentos se interpõe no caminho para a verdadeira liberdade. A mentira é mais ou menos esta: se não é onde você vive, deve ser com quem você convive. Se ao menos você tivesse um cônjuge diferente, amigos diferentes, uma igreja diferente ou preenchesse um vazio diferente *ad nauseam*. Tal ciclo de pensamento nunca chega ao fim.

Essa mentira específica enfatiza os relacionamentos externos nos quais você está envolvido. Joga a culpa nos outros. Se você acreditar que as pessoas ao redor são responsáveis por sua infelicidade, se sentirá livre da responsabilidade mais uma vez. Sua infelicidade só pode ser resultado de seus relacionamentos. A tarefa de o libertar é de outra pessoa.

Ora, é importante lembrar que *necessitamos* de outras pessoas e estamos ligados uns aos outros pelo amor, e às vezes por um compromisso assumido. Os outros, porém, não podem realizar o trabalho de nos libertar. A tarefa é nossa.

Converso com muitas pessoas e parece que a maioria dos cristãos tem problema com limites. Pensamos que podemos mudar os outros e que os outros podem nos mudar. Se tivermos bons limites, limites piedosos, começaremos a perceber que nossas escolhas, decisões e intenções pertencem a nós e que precisamos reconhecê-las e saber lidar com elas. Parte desse trabalho é pedir ajuda, pedir a alguém que caminhe junto conosco. Temos, porém, de parar com a tendência de jogar a culpa nos outros porque ela nos mantém presos na armadilha de achar que alguém nos levou a essa situação e que alguém pode livrar-nos dela. Tento sempre encorajar os cristãos a comprarem a série de livros intitulada *Limites*, de Henry Cloud e John Townsend.[1] Os livros nos ajudam a chegar ao ponto de admitir que somos nós, não as pessoas ao nosso redor, os responsáveis pelas decisões que nos levaram a ser escravos.

Recentemente, uma bela mulher que conheço se viu sozinha, presa (mais uma vez) na armadilha da dependência de drogas. As autoridades tiraram-lhe a guarda do filho. Sua conta bancária zerou. Acusações de fraude ameaçavam-na com possibilidade de ser presa. Ela chegou ao fim. Sua família inteira queria jogar a culpa no "cara" — que, para dizer a verdade, é uma peça do jogo, conhecido como traficante de drogas, uma terrível influência, manipulador. A lista vai longe. Sem ele por perto, de fato ela vai bem. Parece, então, que culpar o homem é a coisa certa a fazer. Mande o sujeito embora e deixe que ela lide sozinha com o problema da droga, e tudo ficará bem. Certo?

Não. Claro que não. Por mais tentador que seja jogar a culpa nesse homem, aqui está uma verdade cujo significado profundo passei a entender: haverá sempre outro homem. Aquela bela mulher poderia passar o resto da vida limpando a sujeira

---

[1] Publicada pela Editora Vida [N. do E.].

que outro cara poderia fazer em sua vida. A escravidão verdadeira que existe nela não é um homem específico; nem mesmo as drogas. É a ideia de que um homem pode preencher-lhe a vida com significado e propósito. É a ideia de que outra pessoa é capaz de completá-la. A mentira é suficiente para continuar a estragar a própria vida até não sobrar nada mais.

O cara nunca é a resposta. Nunca. Encontrar liberdade para a vida é uma jornada que você faz com Deus e consigo mesmo. A jornada é imensa e difícil, mas inevitável para a verdadeira liberdade.

Quem você está culpando por sua falta de liberdade? De quem é o erro? O que você pode fazer neste exato momento para assumir a responsabilidade por sua caminhada? Esse tipo de verdade o libertará.

O poço da autopiedade

Pobre coitado. Ninguém nunca esteve em situação tão ruim quanto você. Ninguém nunca entende a dor de sua realidade — suas lembranças, o trauma de infância, o abuso, a profundeza de sua infelicidade, seu vício, sua rejeição. E por aí vai. É difícil ouvir essa ladainha quando começamos a reconhecer a melodia: uma grande mentira. Parece demonstração de humildade, mas você está de forma narcisista surpreso com sua falta de capacidade. É semelhante ao orgulho invertido. E realmente cheira mal.

Lembro-me de ter conhecido uma amiga em um pequeno grupo de minha igreja. Ela havia sobrevivido ao genocídio de Ruanda. Foi marcada pelo genocídio, mas tinha uma história incrível de liberdade. Ao ver um vizinho estraçalhando sua família até a morte, minha amiga fugiu com o irmão mais novo para a floresta para esconder-se com cerca de outras 40 crianças. Um homem que disse ser Jesus apareceu na mata e deu comida a todos. A comida os manteve vivos.

Depois de mais ou menos quarenta dias e quarenta noites na floresta, a matança terminou e as crianças voltaram para casa. A cena que viram as assombra até hoje. Cadáveres por toda parte. Não posso imaginar cena tão horrível. Depois minha amiga me contou como colaborou na reconstrução da vizinhança. Trabalhou em equipe para enterrar os mortos, lavar as ruas, limpar a própria casa, ir à igreja.

Eu a interrompi. — Ir à igreja?

— Claro — ela respondeu. — Precisávamos de Deus mais que nunca. Aonde mais poderíamos ir?

Bom argumento. Ela disse que escolheu perdoar por ter entendido que havia sido perdoada. E que Jesus lhe disse que para ser livre é preciso perdoar. E ela perdoou. Perdoou os vizinhos que haviam massacrado sua família.

Eu não sabia o que dizer. Veja bem, ela trabalhou durante muito tempo com um grupo de pessoas que havia sido sistematicamente abusado e abandonado no Canadá. Minha igreja estava repleta de pessoas de povos indígenas americanos, e suas histórias eram marcadas por horror após horror de abuso e abandono. O sofrimento tomava conta delas. Muitos preferiram simplesmente amortecer a dor e entrar no poço da autopiedade. E parte de mim queria confirmar aquela escolha. Mas, depois que conheci minha amiga de Ruanda, decidi pedir-lhe que compartilhasse sua história conosco. Ela falou em nossa reunião na igreja e, apesar de ser a pessoa mais tranquila e de fala mais mansa que conheço, ela atraiu total atenção de todos. Todos permaneceram com o olhar fixo nela. Todos permaneceram em silêncio ouvindo uma história pior que a deles. E depois ouviram as instruções dela para libertação: perdoar. Minha amiga havia encontrado um caminho novo onde aparentemente não havia nenhum caminho — o êxodo da amargura, da violência e da dor de geração após geração. Era possível ouvir as pessoas engolindo as palavras, e a realidade calando no coração de cada uma: havia a possibilidade de escolher perdão em lugar da autopiedade. Esse foi um domingo espetacular.

Essa é a jornada que os israelitas percorreram. Não apenas uma saída, mas um novo caminho para viver, um caminho que retrocede às intenções originais de Deus para o mundo.

Cada um de nós precisa escolher um novo caminho em nossas decisões do dia a dia. Essa escolha inclui decidir lidar com nosso passado, de modo pleno e definitivo. Mas inclui também trabalho em conjunto. Quando cada habitante de Ruanda lidar com a dor e o sofrimento de sua vida e decidir viver de modo diferente, rejeitando a vingança, o medo e a amargura, o país inteiro começará a mudar. Juntas, as pessoas são capazes de encontrar um novo caminho. A descoberta de que há uma saída para nossa dor, quebrantamento, ciclos e sistemas é realmente uma boa notícia!

Ainda assim, cada um de nós tem uma dor ou sofrimento para processar. Lembranças, traumas de infância, dificuldades — coisas que fizemos e que fizeram a nós. E essas coisas são difíceis e carregadas de emoção, coisas horríveis com as quais temos de lidar. Sofrimento é sofrimento. Mas todos nós temos de lidar com ele. Ninguém entra no poço da autopiedade e fica esperando ser liberto.

Há alguns indicadores para determinar se você está no poço da piedade. Você se sente culpado? Estagnado? Está justificando seus sintomas de escravidão (vício, comida, isolamento, aversão por si mesmo)? Está sentindo apatia, indiferença e desespero? Se as respostas a essas perguntas for sim, você não está seguindo em direção à liberdade — na verdade está se afastando dela.

Você precisa sair dessa fossa de narcisismo disfarçada de amiga. Precisa sair dela para cair na realidade: você terá de escolher o que fará a respeito do que aconteceu em sua vida.

É esse o clamor da história do Êxodo. Deus apresenta *escolhas* aos israelitas. Enquanto Deus não começou a falar com Moisés e depois com o povo todo, os israelitas se sentiam completamente presos. Da mesma forma que nós. Mas, quando Deus se envolve, ele ativa nosso impulso rumo à liberdade. Ele nos oferece escolhas. Essas são as partes sagradas da história do Êxodo. Deus faz sua parte; nós fazemos a nossa. A parceria conduz-nos a um novo modo de viver.

Minha amiga de Ruanda escolheu ser livre. Creio que ela fez a escolha mais corajosa e a mais difícil de todas, mas ela a contará a você com um grande sorriso no rosto, demonstrando que valeu a pena.

A postura definitiva que nos prepara para a liberdade é a *humildade*, simplesmente chegar ao fim de nós mesmos. É saber quais são os nossos limites, reconhecer que somos seres humanos que necessitam da salvação. É uma sinceridade fundamental conosco. Mas, enquanto não chegarmos a essa sinceridade, não iremos a lugar nenhum.

Podemos ver humildade na jornada pessoal de Moisés, na experiência do deserto dos israelitas. No faraó não vemos humildade; vemos orgulho, e vemos que o orgulho produz humilhação. Humildade e humilhação são coisas diferentes. Humildade é a escolha que fazemos de concordar com Deus sobre quem somos. Humilhação é uma consequência; quando vivemos sem humildade, nossas ações quase sempre resultam em humilhação. Moisés confrontou o faraó, não com um exército nem com uma nova arma de destruição em massa. Confrontou-o com um cajado de pastor. Com ele próprio. Este é o poder da humildade: chegamos ao fim de nós mesmos, e Deus começa a realizar algo novo.

Encontrando a liberdade

A quais dessas três armadilhas você é mais suscetível?

O que ou quem pode ajudar você a sair dessas armadilhas?

CAPÍTULO 10

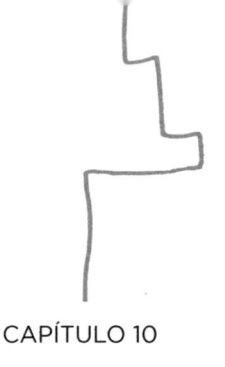

Colhendo amoras e sarças em chamas

> Moisés, porém, respondeu a Deus:
> "Quem sou eu para apresentar-me ao
> faraó e tirar os israelitas do Egito?"
> Deus afirmou: "Eu estarei com você".
> ÊXODO 3.11,12A

É ASSIM QUE A escravidão começa. Quase sempre de modo lento e gradual. É uma ladeira escorregadia e, antes de percebermos, aquilo que pensamos que nos traria liberdade tranca-nos lá dentro. Ouvimos o som da fechadura e tentamos abrir a porta e, para nosso horror, não conseguimos sair. E agora?

Moisés libertou-se do Egito e construiu uma vida nova. Aparentemente, por todas as impressões apresentadas na história original, a vida nova era boa. Pastorear ovelhas parecia uma tarefa adequada para ele, como se fizesse parte de seu gene. Passou a viver com uma mulher especial e incrível. Aliás, os comentaristas da história do Êxodo dizem que ele se casou com ela, embora as descrições populares, como as apresentadas em *O príncipe do Egito*, deem a entender que ele passou a viver com ela. No entanto, aparentemente quando Moisés levou sua família para conhecer os israelitas, eles ficaram atônitos; a tribo à qual ele se uniu era importante — o pai de sua esposa era o chefe. Um futuro promissor. É seguro dizer que Moisés se deu muito bem.

De certa forma, o deserto tornou Moisés uma pessoa melhor. Ele deixou o Egito para trás e começou uma nova vida. Mais que justo. Gostaria de saber o que mais ele deixou para trás. Ele orava? Lembrava-se de quem era? Dizem nos centros de recuperação que, se você quiser se libertar sem desenterrar seu passado e separar as coisas, em breve ouvirá outra porta ser trancada atrás de você. Outro caminho para uma nova prisão. Medo, insegurança, ansiedade, controle, fachadas, religião — a lista não tem fim. A liberdade verdadeira só ocorre a partir de um confronto. Evitar o confronto não é uma estratégia para a liberdade. Não passa de uma cela para aprisionar os covardes.

Tive uma amiga que saiu da prostituição sem admitir o sofrimento de sua jornada. Acreditava na onda de que a prostituição era simplesmente uma escolha sua e um direito seu. Exerceu a profissão quando achou que deveria e depois saiu. Ponto final. Nada mais a comentar. Mas isso não é verdade. A escravidão deixa marcas. A opressão produz sofrimento. E, se você guardar esse sofrimento, se evitar a realidade — bom, isso o matará. De dentro para fora.

Nunca questionei minha amiga; apenas orei por ela. Um dia, ela teve uma incrível visão de Jesus enquanto orava. A visão foi de Jesus como um leão. Ela não sabia que era Jesus, mas eu lhe expliquei o que a visão significava. O Deus da justiça estava com ela e com todos semelhantes a ela. Ele prometeu libertar os prisioneiros e corrigir os erros do mundo. Deus estava com ela. Ela precisava ouvir isso — não com os ouvidos, mas com o coração.

Depois daquela visão, ocorreu uma transformação em minha amiga. Algo mudou. Eu soube dessa mudança porque, no dia seguinte, ela chegou chorando à minha casa. Não conseguia nem falar. Só chorava. Foi realmente estranho porque ela nunca chorava. Era forte, confiante e durona. Mas naquele dia estava chorando.

Finalmente, ela desabafou um pouco. Contou-me sobre o tempo em que "trabalhava" a noite inteira e, quando voltava ao hotel de manhãzinha, seu "namorado" lhe tomava todo o dinheiro e a obrigava a dormir no chão. "Ele me obrigava a dormir no chão", ela repetia o tempo todo. Há histórias piores, claro. Aquilo não era tudo o que ele a forçava a fazer. Mas algo naquela história me sensibilizou. Acontece que minha amiga estava revisitando o passado a fim de confrontar seu opressor. Todos nós temos de fazer isso para nos libertar.

A tentação de prosseguir na vida, enterrar o passado e esquecer tudo é forte. Felizmente Deus não se esquece de nós. Ele vem ao nosso encontro. Foi o que aconteceu com Moisés. Moisés não estava agitado com nada. Ele simplesmente seguiu em frente. Não estava preocupado com a escravidão, com a opressão nem com a última tendência no Egito. Apenas cuidava de seu rebanho. Amava sua esposa. Cantava com o sogro (essa é, na verdade, uma cena de *O príncipe do Egito*). Até Deus o encontrar. Então algo aconteceu. Um confronto.

Deus lembra rapidamente a Moisés que o lugar onde ele está é *santo* — "diferente", nada que possamos realmente entender. Nada pode preparar-nos para entender quem é Deus. Deus é diferente. Onde Deus está presente, as coisas mudam. Deus tem uma forma de preencher os espaços normais com algo diferente. Deparamos com um confronto que é em si um convite para vivermos de modo diferente. Todo confronto com Deus modifica a pessoa. Tiramos os sapatos e achamos um lugar para nos ajoelhar, porque esse encontro nos lembra de nossa incapacidade de fazer diferença.

A falta de capacidade produz disposição, que traz Deus para perto de nós. No Novo Testamento, Tiago explica assim: "Deus se opõe aos orgulhosos, mas concede graça aos humildes" (4.6). Quando encontramos Deus, coisas acontecem dentro de nós. Deus traz essas coisas à tona. Confronta coisas em nós. Deus diz a Moisés que ouve o clamor. Isso é realmente profundo, porque Moisés sabia que os israelitas estavam clamando; ele simplesmente concluiu que não podia fazer nada a esse respeito. Era difícil demais, e ele já tentara e fracassara, portanto estava levando a vida em frente. Mas Deus não. Ele não passa por cima da opressão. Não sem antes detê-la. Então Deus se manifesta. E as coisas começam a mudar.

Se Moisés aprendeu uma lição no deserto, essa lição foi humildade. Não há como questionar. Ele era humilde. E deve ter se tornado um pouco mais humilde. Se o diálogo que ele teve com Deus serve como indicação, ele continua totalmente convencido de que não tem possibilidade de fazer nada a respeito da situação. E ele tem razão. É difícil demais para ele. É difícil demais para nós também.

Sou uma dependente química em recuperação. Odeio dizer isso porque gosto de tentar me convencer de que derrotei a dependência. Quero acreditar que sou bastante forte e poderosa em minha luta para vencer o vício. Mas não sou.

Parte do processo de cura é admitir minha fraqueza diante do álcool e das drogas. Isso é loucura para quem não conhece o problema; parece que continuamos a admitir a derrota. Eu acreditava que admitir minha fraqueza sobre o álcool fosse concordar com "o inimigo", que dizia que somos dependentes químicos e que não podemos fazer nada a esse respeito. Mas agora vejo a situação de forma diferente. É sinceridade verdadeira. É humildade. É concordar com a verdade de que tenho cicatrizes da opressão em minha vida e não posso fazer nada quanto a isso.

É admitir que tenho tentado e fracassado, repetidas vezes. É chegar ao fim de mim mesma. Esse é o ponto em que posso responder a Deus, que tem o poder de que necessito para vencer. É uma submissão com raízes na verdade.

Às vezes é necessário passar anos em um deserto para chegar ao lugar onde concordamos com a verdade acerca de nossa fraqueza. Quando finalmente admitimos, não é uma derrota — é o oposto da derrota. É um convite.

Com a humildade vem a graça. Com a graça vem a presença de Deus. Com a presença de Deus vem o poder — o poder de superar, o poder de curar, o poder de prosseguir, o poder de transformar, o poder de mudar o céu e a terra. Deus tem poder. Mas para ter acesso a esse poder é necessário ser humilde e submisso. Todo viciado sabe disso. E todo filho de Deus deveria saber disso também.

Admitir a derrota é o primeiro passo. Humildade. Não posso fazer isso. Não tenho poder sobre a opressão. Mas creio que Deus está aqui. É aqui que a sarça ardente entra. É Deus encontrando Moisés onde Moisés está, lembrando-o de que não é tarde demais nem difícil demais. Deus lembra a Moisés que ele não pode acomodar-se a uma vida menor que seu chamado. Moisés pode correr, mas não pode se esconder! Deus pede a Moisés que tire as sandálias dos pés para poder revelar a condição humana de Moisés e para que Moisés tenha um novo encontro com o Deus que está sempre presente.

Eu gostaria de saber se parte do motivo pelo qual Moisés precisou que Deus aparecesse com um convite foi por causa da culpa pelo que ele havia feito — ter matado um egípcio e até abandonado seu povo. É interessante notar que Deus não traz esses fatos à tona. O que Deus traz à tona é a condição humana de Moisés. Deus exige humildade de Moisés. Talvez seja assim que Deus traz nossos pecados à tona — ele os queima em sua presença.

Não há nenhuma história estranha e nenhum silêncio desagradável com Deus. Há com Moisés, claro. Moisés tem um histórico de opressão. É bem provável que ele tenha comprometido seu passado e crenças no palácio, o que deve ter sido muito difícil. Ele se atrapalhou e chegou a cometer um assassinato, um fato difícil de engolir. Depois teve de fugir. Enterrou todo o Egito e Israel no deserto e seguiu em frente. Há muita coisa acontecendo no íntimo de Moisés diante da sarça em chamas. Acredite em mim. Quando Moisés tira as sandálias, penso que muita sujeira saiu junto.

Li que é comum ver sarças queimando no deserto. É comum uma sarça incendiar-se por causa do calor no deserto. O incomum nesse caso foi que a sarça não se consumia. Moisés aproximou-se para ver. Esse é o encontro que muda tudo em Moisés. É quando ele encontra Deus. Uma sarça em chamas. No deserto. E ela não se consome.

Desde o início, Deus usa coisas naturais de forma sobrenatural. É assim que funciona. Ele faz isso o tempo todo, mas às vezes esquecemos. Esperamos que caia fogo do céu e consuma a sarça, e a terra estremeça para o pastor Moisés ser transformado em um super-herói e mudar o mundo daquela maneira. Mas, ao contrário, Deus chega mansamente, quase de modo natural. Chega com voz suave. Uma sarça em chamas em um deserto de sarças em chamas. Mas aquela era diferente.

É claro que o simbolismo não foi esquecido por um israelita. Quando fez uma aliança com Abraão de que sua descendência seria abençoada para abençoar a terra toda, Deus passou no meio dos sacrifícios de Abraão em forma de "um fogareiro esfumaçante, com uma tocha acesa" (Gênesis 15.17). A fumaça da sarça em chamas deve ter trazido essa lembrança à mente de Moisés, se é que ele não havia esquecido completamente a história mais ampla de seu povo.

Uma sarça em chamas no deserto. Bem ali onde Moisés encontrou a si mesmo. Longe do Egito. Deus age assim: quando ele diz que está conosco, não está falando de modo figurado. Ele realmente está conosco — no exato lugar onde nos encontramos. E naquele dia no deserto Moisés nota a presença de Deus. Aquele foi o verdadeiro milagre. Moisés nota algo diferente naquela sarça. Uma chama eterna. Algo naquilo que ele presencia desperta-lhe a curiosidade. Ele acompanha o som da voz para descobrir mais. E, na busca, Moisés encontra o desejo de seu coração, a esperança de seu povo, o chamado de sua vida e seu amigo verdadeiro. Ele encontra Deus.

Eu sempre me pergunto quantas vezes deixamos de ver a presença de Deus porque continuamos a esperar sinais sobrenaturais em vez de todas as maravilhas naturais ao nosso redor. Anos atrás, senti o chamado para implantar uma igreja em um lugar muito deprimente. O local era uma selva opressiva de concreto. Enquanto andava na calçada para inspecionar a área, eu a vi. Entre as rachaduras da calçada havia uma flor. Era linda. Tudo era concreto, mas aquela florzinha cresceu entre as rachaduras. O concreto não impediu que a vida surgisse.

Houve uma mudança em mim naquele dia. Aproximei-me da flor. Tirei uma foto. Agradeci a Deus por ter me lembrado de que ele plantou e fez a vida florescer e que nenhuma construção humana seria capaz de impedir o inevitável surgimento de seu Reino. Ele estava vindo a este mundo mesmo que tivesse de abrir caminho através do concreto. Mas estava vindo. Senti esperança. Foi uma experiência singela. Eu gostaria que um meteoro tivesse caído do céu e deixado uma cratera imensa na terra, que todos na vizinhança se arrependessem e eu fosse capaz de encerrar o expediente e seguir adiante. Não foi o que aconteceu. Mas houve uma mudança em mim. Eu notei. E prossegui. E algo mexeu comigo, algo cresceu dentro de mim. Esperança.

Aquela imagem está agora tatuada em meu braço para que jamais me esqueça dela. Uma das primeiras pessoas que conheci naquele bairro, aparentemente um caso sem esperança na época, chamava-se Flor. Esperei pela Flor porque Deus plantou esperança em mim. Um dia normal. Uma pessoa normal — eu. Uma flor normal. Em chamas.

> *A terra está tomada pelo céu,*
> *E cada arbusto comum, em chamas com Deus;*
> *Mas só quem vê tira os sapatos.*
> *Os outros se sentam em volta e colhem amoras.*
> Elizabeth Barrett Browning

Encontrando a liberdade

Como Deus está tentando chamar sua atenção?

Você está à procura de um grande sinal?

Há uma voz suave que você deveria ouvir?

CAPÍTULO 11

Que é isso em sua mão?

> Moisés respondeu: "E se eles não acreditarem
> em mim nem quiserem me ouvir e disserem:
> 'O Senhor não apareceu a você'?"
> Então o Senhor lhe perguntou:
> "Que é isso em sua mão?"
> "Uma vara", respondeu ele.
>
> ÊXODO 4.1,2

Anos atrás minha família mudou-se para um bairro muito pobre, onde havia muitos dependentes de droga. Imaginamos que o lugar no qual pisássemos pela primeira vez para orar pela possibilidade de implantar uma igreja seria o lugar onde deveríamos começar. Era um parque escuro, horrível, no centro da área, apelidado (corretamente) de "Parque das Agulhas" [Needle Park]. O local, cujo propósito era ser um oásis em uma selva de concreto, havia sido invadido por traficantes e usuários de drogas. Passou a ser um lugar assustador, proibido, violento. Foi a escolha óbvia.

Oramos para pedir orientação sobre como iniciar nosso ministério. Qual seria a maneira mais estratégica de avançar? Enquanto orávamos, senti o tempo todo um impulso de passear no parque. Como se fosse um parque normal.

Finalmente, decidimos ir até lá. Meu amigo Rob levou seu violão; levei uma toalha de piquenique e meu filho de 2 meses de idade e fomos ao parque. Para passear. Entramos no meio do Parque das Agulhas como se fôssemos uma pequena família fazendo um piquenique. Foi hilário. Todos cravaram os olhos em nós como se tivéssemos perdido o juízo. Como se estivéssemos muito, muito perdidos. Rob estendeu a toalha no chão e sentamos em cima dela. Segurei o bebê no colo e Rob começou a cantar.

Loucura, certo? Bom, era o que parecia. As pessoas olhavam para nós com ar de perplexidade. Rob inclinou-se para mim e cochichou: "A estratégia é esta?". Concordei com um simples movimento de cabeça.

Logo depois que sentamos, apareceu um homem armado e apresentou-se. Seu nome era Bandit [Bandido]. Sem brincadeira. Perguntou o que estávamos fazendo. Contamos que nos mudáramos recentemente para o bairro e estávamos à procura de amigos — apenas passeando no parque. Ele disse que poderíamos considerá-lo um de nossos amigos e sentou-se conosco. Logo depois apareceu outra pessoa e mais outra. A toalha de piquenique foi um ímã para atrair pessoas que necessitavam de amigos.

Vários meses depois, tomamos a iniciativa de ir ao parque todas as semanas. Nossa comunidade de fé começou a levar nossas crianças ao parque para brincar. Fizemos uma varredura para retirar todas as agulhas, lavamos alguns equipamentos e deixamos que nossas crianças fossem crianças no Parque das Agulhas. Foi algo que nunca tínhamos visto. Quando as crianças começavam a brincar, todos paravam o que estavam fazendo e olhavam para elas. O comércio de drogas cessou. O uso de drogas cessou. Os palavrões cessaram. Todos só olhavam para as crianças.

As crianças não se davam conta de nada. Simplesmente agiam como crianças — brincando, gritando de alegria, usando os escorregadores e os balanços abandonados havia muito tempo.

Agora vou avançar quase catorze anos no tempo para falar de minha última visita ao bairro. Ao passar pelo centro da área, tive de atravessar o Parque das Agulhas para chegar à casa que tinha em mente. A princípio, avistei ao longe. Havia árvores floridas de lilases, enfileiradas na calçada (havia uma calçada!) que atravessava o parque. Um parquinho recém-montado, brilhando de tão limpo, com crianças brincando ali. Um centro comunitário no meio do parque proporcionava jogos, almoço e um pouco de recreação organizada. Sabe o que não havia mais ali? Comércio de drogas. Agulhas. As trevas tinham abandonado o parque. A luz passou a morar ali. Como aquilo aconteceu?

Bom, aconteceu porque levamos o que possuíamos e quem éramos, e oferecemos tudo a Deus para que ele usasse para seus propósitos. Foi um exemplo do incrível plano de Deus. Ele usa o que possuímos e quem somos para confrontar os poderes das trevas com os valores do Reino de Deus.

Sempre me encanto com isso. O que possuímos — essa é a estratégia que Deus escolhe usar todas as vezes que nos convida para confrontar um opressor. Sim. Isso mesmo. Moisés se apavora um pouco quando Deus deixa claro que o está convidando para confrontar o faraó e libertar seu povo. É evidente que Moisés está despreparado para a missão. Longe de ser um grande guerreiro, Moisés é um humilde pastor. Finalmente ele quer saber os detalhes do plano: "Como isso acontecerá?", ele pergunta (v. Êxodo 3).

Deus responde com uma pergunta. *A* pergunta. A única que importa na situação. "Que é isso em sua mão?" (v. Êxodo 4).

Moisés tinha uma vara na mão. Uma vara de pastor. Posso imaginar Moisés dizendo: "Todos os pastores usam uma vara!". E ao longo de toda a história da libertação do povo de Deus, veremos essa vara. Porque o que Deus usa no começo é o que ele usa no fim; ele usa o que possuímos para poder usar-*nos*. Deus convida Moisés a usar a vara para libertar seu povo.

Eu pensava que tudo girava em torno da vara. E, para confirmar, há muita coisa a respeito da vara. No entanto, há algo mais se passando aqui. Posteriormente, Jesus demonstra repetidas vezes a importância da pergunta de Deus a Moisés, e de modo mais claro ainda ao alimentar 5 mil pessoas famintas. Jesus diz aos discípulos que eles devem alimentar a multidão, e os discípulos começam a apavorar-se. O apavoramento parece ser a reação básica ao convite de Deus para uma vida sobrenatural; portanto, se você tem a tendência de apavorar-se, mantenha a calma.

Enfim, os discípulos apresentam uma lista dos obstáculos óbvios para cumprir a tarefa: não temos dinheiro, não há lugar onde comprar comida nas proximidades e assim por diante. Então, Jesus pergunta o que eles *possuem*. Esse é um velho problema para você? Então você não está preparado. Não está pronto. Faltam a você qualificações. Mas o que você *possui*? Vamos começar por este ponto.

Não vamos falar do que você possui, mas de quem você é. Veja bem, Moisés é um pastor. Os israelitas eram pastores quando chegaram ao Egito. E os egípcios desprezavam os pastores. Consideravam-nos cidadãos de segunda classe e que seu trabalho lidava com sujeira. Os pastores não eram bem remunerados, e sua tarefa não era gloriosa; os egípcios lidavam com coisas maiores e melhores, como comércio, construções e glória. Assim, quando Deus pergunta a Moisés o que possui e este apresenta-lhe uma vara —, a pergunta não se refere apenas à vara.

Deus está pedindo a Moisés que confronte o faraó com a pessoa que ele é. Como ele é. Moisés não precisa ser outra pessoa. Não precisa impressionar o faraó. Só precisa começar com quem ele é e com o que possui, e deixar que Deus cuide dos detalhes.

Não sei dizer quantas histórias eu conheço que usam essa receita.

Uma rede de capelania em franco progresso nos bordéis na Austrália começou com uma mulher idosa que fazia *cupcakes*. É verdade. Minha amiga Jan tinha 66 anos na época. Jan era uma batista aposentada, morava em um bairro de classe média alta e frequentava uma bela igreja batista em Melbourne. Na época, eu era diretora de justiça social do Exército de Salvação na Austrália e estava tentando descobrir um meio de sensibilizar as mulheres envolvidas com tráfico e exploração nos bordéis legalizados da Austrália. A filha de Jan era uma boa amiga minha. Recebi uma ligação de Jan pedindo que nos encontrássemos para tomar um café. Foi quando ela me contou seu dilema.

O número do telefone de Jan tinha apenas dois dígitos diferentes do número do telefone do bordel de seu bairro. Ela sempre recebia ligações estranhas quando as pessoas confundiam os números, o que incomodava muito Jan e seu marido. Jan estava pensando em mudar o número de seu telefone. Mas no dia em que planejava efetuar a mudança, ela sentiu o Senhor falar-lhe enquanto lia a Bíblia. Sentiu um questionamento: "Por que você está mudando seu número, Jan?". Ela contou a Deus sobre seu desconforto com a situação e as ligações que recebia. E sentiu Deus dizer-lhe que não trocasse o número, mas que fizesse alguma coisa a respeito.

Foi então que ela ligou para mim. Estávamos no meio da conversa quando ela fez a pergunta áurea: "O que devo fazer?". Ora, para ser totalmente sincera, eu não tinha ideia do que ela deveria fazer. Sério. Nenhuma ideia. Mas comecei a perguntar o que ela faria normalmente se uma vizinha tivesse problemas ou mudado recentemente para o bairro. Ela disse que o normal seria levar alguns *cupcakes* para a vizinha, apresentar-se e perguntar se poderia ser útil.

Foi então que me dei conta: vamos agir normalmente. E se fizéssemos a coisa mais normal do mundo?

Contei minha estratégia a Jan. Ela faria os *cupcakes* e nos apresentaríamos. Como faríamos normalmente.

Felizmente Jan acreditou que a estratégia era boa. Encontramo-nos na terça-feira de manhã e oramos juntas antes de sair para batermos à porta do bordel. Ela contou-me que teve um pressentimento no fim de semana que deveria ser ela quem bateria à porta. Um pouco ofendida, reagi: — Mas a profissional sou eu!

Jan replicou: — Mas a vizinha sou eu.

Preste atenção. No Reino de Deus, o vizinho passa por cima do profissional *todas as vezes*, fato esse que esquecemos em nossas reações ministeriais formais, mas é importante revê-lo. Jesus disse que o maior impacto para o Reino de Deus em nosso mundo desesperado ocorreria quando amássemos a Deus e amássemos nosso próximo. Isso não é complicado.

Enfim, vamos voltar à nossa história. Chegamos ao bordel, e Jan, armada de *cupcakes*, subiu os degraus e bateu na porta. Uma das gerentes do bordel apareceu e perguntou o que queríamos (Jan não fazia parte da clientela normal!). Muito nervosa, ela mostrou os *cupcakes* e disse: "Trouxe *cupcakes*!".

Foi quando o vi. Em minha mente, vi o mais malvado espírito demoníaco de exploração sexual de toda a Austrália encolher-se e gritar: "Não! *Cupcakes* não!". Porque o que aconteceu a seguir foi inexplicável. A gerente do bordel convidou Jan a entrar para conhecer as mulheres. Jan contou que morava no bairro, que sempre as via e queria conhecê-las. Foi inacreditável. Jan saiu do bordel andando nas nuvens. E voltei à sede do Exército de Salvação, liguei para dez das minhas amigas mais malucas do Exército de Salvação e lhes disse: "Urgente! Temos de nos apressar, senão os batistas vão evangelizar os bordéis antes de nós!".

Avance no tempo comigo. Dessa vez, oito anos. Hoje existe uma rede de equipes de visitação aos bordéis em toda a Austrália.

Armadas de *cupcakes*, elas levam consigo relacionamentos, amizade, esperança e uma possível liberdade às mulheres presas nas garras da prostituição. Deus nunca esteve, nem está agora, à procura de pessoas incrivelmente talentosas com sistemas de armamentos avançados ou esquemas sofisticados de inteligência para desafiar o mundo. Ele está à procura de pastores e varas para confrontar as superpotências, não com coragem ou habilidade surpreendente, mas com a simples ideia de que Deus pode nos usar, se ele estiver conosco e em nós. Trata-se de uma parceria eterna de grande significado, poder e consequência.

Quem você é? Comece por aí. Que é isso em sua mão?

Encontrando a liberdade

Que é isso em sua mão?

O que Deus quer fazer com isso?

CAPÍTULO 12

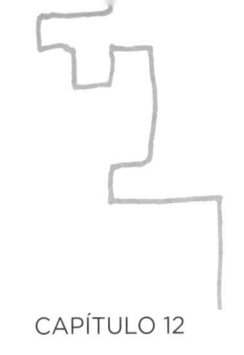

Confronto

> O Senhor falou a Moisés:
> "Vá ao faraó e diga-lhe que assim diz o Senhor:
> Deixe o meu povo ir para que me preste culto".
>
> ÊXODO 8.1

Sou canadense, o que significa que minha maquiagem é uma norma cultural, algo realmente valioso que possuo, que me inclina a ter uma aparência agradável e simpática. Sério. Não fui criada para confrontos. Os canadenses em geral acreditam que a tolerância é uma virtude, e definem *tolerância* como não discordar. Evidentemente, a verdadeira tolerância é discordar com respeito, mas em meu sangue canadense corre a ideia de que discordar é ser inerentemente desagradável.

Acontece que o confronto é difícil para muitas pessoas. No entanto, o confronto é o segredo para a liberdade. Sem o confronto da opressão, não há liberdade.

Foi por esse motivo que Martin Luther King Jr. escolheu ser preso em vez de pagar uma multa. Ele não gostava da comida da prisão e não tinha tempo para ficar trancafiado. Havia muitos benfeitores dispostos a pagar suas multas e tirá-lo da prisão. Ele não aceitou. Por quê? Porque queria que o confronto fosse claro. Queria expor a injustiça, desafiar o opressor. Precisava de um confronto a fim de que seu povo fosse liberto. Enquanto estava na prisão de Birmingham, escreveu: "A injustiça tem de ser exposta, com toda a tensão que sua exposição cria, à luz da consciência humana e da atmosfera da opinião nacional antes que possa ser curada".

Imagine agora Moisés marchando em direção às portas do palácio do faraó e exigindo que ele liberte os israelitas. Foi um exercício de insanidade. As Escrituras não mencionam em nenhum lugar que Moisés agendou um encontro com o faraó. Foi um confronto encenado com o poder opressivo dominante. Moisés estava criando um confronto que exporia a opressão que mantinha seu povo escravizado. Sem confronto, não há liberdade.

As Escrituras dizem que Deus sabia que o faraó não permitiria a libertação dos israelitas, pois ele tornara obstinado o coração dele (v. Êxodo 10.1) e depois continuam expondo a injustiça da opressão sistêmica do faraó contra os israelitas.

Posteriormente no Novo Testamento, Paulo menciona o confronto dos poderes e autoridades (v. Efésios 6.10-17). Não estamos lutando com pessoas, mas nas esferas espirituais. E nossa luta não é apenas uma batalha esotérica extremamente espiritual. É uma guerra de ideias, valores e sistemas que perpetuam a opressão e a dor verdadeiras. É uma guerra contra a tirania, contra a ociosidade e contra a escravidão. Ela expõe e depois derruba sistemas e estruturas inerentemente malignas.

Os sinais que acompanham os confrontos de Moisés giram todos em torno disso. Expõem a hipocrisia do faraó e evidenciam sua falta de poder. Cada praga destrói um deus egípcio. É um confronto de sistemas de poder. É uma batalha de valores, uma manifestação espetacular da glória de Deus quando ele assume o controle da natureza, destrói a corrupção e estabelece sua autoridade na terra. Todos se surpreendem; por fim o faraó, que era visto como a encarnação do rei Sol, passa a ser exposto como um pai patético que não consegue sequer salvar o próprio filho.

O que tende a acontecer, em vez de um confronto, é uma conciliação. As pessoas tendem a curvar-se sob pressão e fazer um acordo com o inimigo, uma conciliação que deixa transparecer que não são tão oprimidas como eram antes, embora continuem a sofrer opressão.

Lembro-me do dia em que li a respeito do fim da pobreza extrema. Jeffrey Sachs, em seu livro *O fim da pobreza*,[1] demonstra sistematicamente que a pobreza extrema não tem de aumentar exageradamente. Ela pode ser combatida e derrotada. Basta que o mundo confronte o poder das garras da pobreza. O autor descreve como isso pode acontecer na vida real.

No meio do livro, a revelação atingiu-me em cheio: podemos extinguir a pobreza durante *a minha existência*. Enquanto pensava na possibilidade, a alegria tomou conta de mim. Mas, ao mesmo tempo, senti tristeza por ter percebido que havia aceitado o conceito, a ideia, o sistema da pobreza extrema. Tornou-se evidente para mim que eu estava, de alguma forma, completamente conformada com as criancinhas morrendo de desnutrição, considerando o fato como "normal". Esta é a sutileza da opressão: cedi aos poderes e autoridades da pobreza extrema ao concordar com ela em minha mente. A pobreza de milhões e milhões de pessoas tornara-se normal para mim.

Não é normal. Se prestarmos atenção em tudo o que a morte por inanição representa, logo entenderemos que é demoníaca. Não há nenhuma normalidade nela.

Vi um homem extraordinário aceitar o prêmio Nobel da Paz. Muhammad Yunus é fundador do Banco Grameen em Bangladesh; basicamente ele inventou microempréstimos aos

---

[1] São Paulo: Companhia das Letras, 2005. [N. do T.]

mais pobres. Você poderá conhecer mais sobre a história dessa vida incrível em seu livro *O banqueiro dos pobres*,[2] mas basta dizer que, quando aceitou o prêmio Nobel, ele disse que esperava a chegada do dia em que as crianças precisariam visitar um museu para aprender como a pobreza extrema costumava ser.

Vamos nos aprofundar no assunto. Muhammad Yunus acredita sinceramente que o fim da pobreza é possível; em sua vida, ele enfrentou a pobreza extrema. Enquanto ele falava, senti os poderes da extrema pobreza afrouxando suas garras em mim.

Eu havia permitido que a visão dominante da pobreza dirigisse normalmente meus pensamentos e minhas ações. Havia permitido que ela não atrapalhasse meu dia a dia. Mas guerreiros como Muhammad Yunus a confrontaram. Eles, assim como Moisés, marcharam e entraram na arena onde a pobreza extrema dominava e a desafiaram. O resultado é que eu senti suas repercussões em minha própria vida. Não podemos ter liberdade sem luta. Para chegar a um acordo com a liberdade, temos de discordar da opressão.

Há outras opressões que necessitam ser confrontadas. A ansiedade, por exemplo, não pode dominar sua vida. Não estou apresentando argumentos a favor do blá-blá-blá tipo "nomeie-a, aproprie-se dela e seja curado pela fé". Estou dizendo que você precisa pôr a ansiedade em seu devido lugar: sob a soberania de Deus.

Tenho uma amiga maravilhosa, uma líder incrivelmente fervorosa e cheia do Espírito Santo, que sofre de ansiedade. Às vezes essas duas coisas andam juntas. Ela descobriu como controlar os sintomas e sua vida de tal maneira que a ansiedade não a domina mais. Para conseguir isso, ela teve de confrontar a ansiedade — expô-la para comprovar a opressão que ela causava

---

[2] São Paulo: Ática, 2000. [N. do T.]

e depois pedir a Deus que a destronasse. Teve de parar de ter medo de ser "aquela que sofre de ansiedade". Arrastou aquele monstro para a luz. Deixou de concordar com a ansiedade. E pediu a Deus que substituísse o medo por sua bondade, direção e liderança. Hoje ela usa a oração, espaços sagrados, reflexão pessoal e tempo bem programado para ajudá-la a lidar com a ansiedade. Não vive mais sob a opressão do medo de que nunca será capaz de ter uma vida plena. Não vive mais com medo de que os outros descubram que ela é humana, não super-humana. Minha amiga trilhou um longo caminho para libertar-se, e tudo começou quando ela decidiu parar de permitir que a ansiedade controlasse sua vida.

Há uma explicação perfeita e maravilhosa para o início e o término da liberdade dos israelitas. Adoração. Por quê? Bom, a adoração é uma forma de pôr Deus no centro de nosso espaço e tempo. É pô-lo em primeiro lugar. Adoração é reconhecer a autoridade de Deus sobre todas as outras coisas. Você sempre servirá a quem adora.

As conversas que Deus teve com Moisés, que Moisés teve com o faraó e que depois todo o povo teve com Deus giram em torno de adoração. A jornada de Moisés começa com adoração, quando ele tira as sandálias e ajoelha-se diante da sarça em chamas, na presença do Deus altíssimo. Adoração é o confronto de Moisés com o faraó quando Moisés transmite o recado de Deus: "Deixe o meu povo ir *para que me preste culto*" (Êxodo 8.1b). A adoração ocorre no final da jornada da saída do Egito, com toques de tamborim e gritos de alegria e cântico enquanto Miriã incentiva o povo a dançar e a regozijar-se porque Deus é quem ele diz ser (v. Êxodo 15.20,21).

A adoração realinha-nos com quem está no comando. Lembro-me de alguém ter dito, durante os cânticos de louvor, que às vezes cantamos porque cremos e às vezes cantamos até crer —

e ambas as coisas são boas. É por isso que a adoração muda a situação. Adoração é guerra — um confronto do poder espiritual, realinhando-nos com a verdade.

O confronto sempre precede a liberdade. Não há como ser liberto sem confronto. É por isso que muitas guerras são travadas. Com o tempo, a angústia da situação atual cria uma crise, e essa crise transforma-se em confronto. É então que a liberdade tem potencial para emergir. É sempre assim, quer seja um confronto externo quer seja um confronto interno.

Os conselheiros dirão que você nunca se libertará de qualquer área de sua vida se não estiver disposto a confrontá-la. Faça isso agora. Seja sincero agora. Cuide do problema agora. Traga luz à escuridão agora.

Anos atrás, conversei com uma mulher que mudou a mente de um país inteiro a respeito da opressão da exploração sexual. Ouço sempre falar que a prostituição é a "profissão mais antiga", mas ela a chama de a *opressão* mais antiga. E ela está certa. Quando ela comissionou um estudo sobre as realidades da prostituição, ficou muito claro seu tipo de opressão. A prostituição era um senhor de escravos que mantinha as mulheres — principalmente as minorias étnicas pobres e sem instrução — em total inferno. Ela decidiu, portanto, mudar a mente da nação, educando os filhos e líderes da nação, e confrontando o poder da exploração sexual. Conseguiu um incrível progresso. Na última vez que verifiquei, o índice de prostituição de rua em seu país havia diminuído em 60% em apenas dez anos. Quando perguntei como aquilo foi possível, ela revelou-me dois fatores decisivos.

Primeiro, é preciso imaginar um mundo melhor.

Segundo, é preciso entender verdadeiramente a opressão.

A adoração ajuda-nos a imaginar um mundo melhor. Talvez esse seja o propósito da adoração. Ela nos permite olhar para cima e imaginar o mundo pela visão cósmica de Deus, em um trono, repleto de bondade, perdão e graça. Isso nos capacita a ver Deus pronto para trazer justiça, liberdade e esperança aos cativos. Instrui-nos a proclamar as boas-novas aos excluídos. Quanto mais adoramos a Deus, mais podemos imaginar um mundo melhor. Quando imaginamos aquele mundo melhor, um mundo no qual todos foram criados para ser livres, começamos a entender realmente a opressão.

Moisés recebe discernimento e estratégia na adoração. Confronta o faraó crendo que Deus deseja libertar o povo, e o faraó revela-se aos poucos o menino tirano que ele é. O confronto traz luz, a luz traz revelação, e a revelação traz liberdade. E tudo gira em torno da liberdade.

Encontrando a liberdade

Com qual opressão você tem de concordar?

Você é capaz de concordar com a perspectiva de Deus nessa situação?

Está disposto a confrontar o inimigo de sua liberdade? É tempo de crer que a liberdade é totalmente possível em sua vida.

CAPÍTULO 13
Não tenha medo

> Moisés respondeu ao povo:
> "Não tenham medo. Fiquem firmes e
> vejam o livramento que o Senhor trará hoje".
> ÊXODO 14.13A

Lembro-me do dia em que aconteceu. Estava sã, sóbria e fora da prisão por uns tempos, mas sentia-me entediada. Para mim, nada importava. Estava cansada demais, exausta, e a sensação era de isolamento e solidão. Andei pelas ruas conhecidas de um bairro de Toronto, na direção geral de onde eu poderia conseguir um pouco de droga. Só queria que a sensação de inutilidade fosse embora.

No caminho, vi a porta aberta de uma pequena igreja do Exército de Salvação na esquina. Havia gente dentro. Era um domingo à noite, no meio de um culto. Entrei e parei na última fileira, pensando que adiaria o inevitável.

O que aconteceu a seguir foi assombroso. Eu havia entrado na igreja durante a "hora do testemunho", o momento no culto em que qualquer um pode levantar-se e contar o que Deus fez a ele naquela semana. Assim que sentei, uma senhora idosa e cega levantou-se para dar testemunho. Contou que uma moça por quem havia orado durante anos havia aceitado

Deus recentemente. Pediu a todos na igreja naquela noite que continuassem a orar pela moça, para que a vida dela fosse totalmente transformada. E em seguida disse: "O nome dela é Danielle. Vocês vão orar comigo?".

Fiquei pasma, maravilhada. E cheia de uma espécie de medo santo — o tipo de respeito que faz a gente se lembrar da grandeza de Deus, de que os planos dele são maiores que nós. Percebi imediatamente que não estava sozinha. Jamais ficaria sozinha. Deus estava comigo. E o povo dele estava por toda parte. Foi um sinal.

Deus invade o trabalho comum e rotineiro da vida com sua presença. Fez isso com Moisés, com uma sarça em um deserto e a presença de Deus despertando-o para seu verdadeiro propósito. Fez isso depois com os israelitas e até com os egípcios ao estender sua mão soberana para mostrar seu poder. E continua a fazer em nosso mundo o tempo todo.

Os sinais de Deus não são demonstrados em vão; servem para um propósito. Você os tem ouvido ultimamente?

O tema abrangente em todos os sinais de Deus é muito claro para aqueles que foram libertos da opressão: não tenha medo. Veja, o medo é a moeda da opressão. Confrontar a opressão é confrontar o medo.

Sempre entendi que medo era a força motriz de como o poder oprime. É o medo que mantém as pessoas caladas quando coisas erradas acontecem. É o medo que faz as pessoas se curvarem sob a pressão. O medo é inoculado nos oprimidos para submetê-los à opressão. É dessa forma que muitos opressores conseguem governar e oprimir o povo cujo número é muito maior que eles. Os israelitas estavam com medo do faraó, e aquele medo os manteve sob seu controle. Eu sabia disso. O que eu não sabia — e essa informação mudaria para sempre a minha ideia de opressão — é que o faraó tinha medo dos israelitas.

Não se engane. Tanto o oprimido quanto o opressor sentem o mesmo medo. Se você partilha do medo com alguém, você é o opressor ou o oprimido. Pense um pouco no assunto e reflita. Todo déspota, todo líder opressor do mundo, viveu aterrorizado. Hitler usava pelo menos sete carros como chamarizes e nunca dormia duas vezes no mesmo lugar. Vivia aterrorizado e, como consequência, aterrorizava o povo. Stalin matava a esmo seus oficiais mais velhos por medo de que tentassem assassiná-lo. A lista é longa. Líderes aterrorizados oprimem povos aterrorizados.

Não é de admirar que, sempre que Deus tem um encontro com seu povo, ele começa dizendo: "Não tenha medo". Ele diz essas palavras 365 vezes na Bíblia — como se fosse um lembrete para nós todos os dias.

Nosso mundo está saturado de medo. Aprendemos a ter medo das pessoas que não conhecemos. Somos convencidos de que nossos vizinhos são uma grande ameaça para nós. Trancamo-nos dentro de casa, somos prisioneiros em um pequeno mundo que construímos. Olhamos com suspeita para qualquer um que não pertença ao nosso mundo. Sentimos muito medo. E esse medo leva à opressão. De um jeito ou de outro.

O que fazer então? É aqui que o remédio de Deus é tão belo. Anos atrás, fiz uma jornada com uma amiga, Stepfanie. Ela estava desvencilhando-se de uma vida de opressão. Havia sido explorada por um terrível valentão, um cafetão que a maltratava de todas as formas, que a oprimia quase de todas as maneiras que alguém pode ser oprimido. Ainda ficava aterrorizada quando pensava nele. Embora estivesse agora em lugar seguro, ela ainda tinha pesadelos, e havia ocasiões em que ele entrava em seus pensamentos e continuava a maltratá-la.

Certa vez, estávamos orando juntas e o maltratador apareceu em suas orações. Ela calou-se; disse que não queria continuar a orar. O valentão a estava atormentando, lembrando-a de tudo o que lhe faria quando ela voltasse. Paramos de orar e fizemos uma pausa. Eu fiquei indignada. Indignada com o sujeito. Indignada com a injustiça daquilo tudo. Aquele homem já havia tirado coisas demais da vida de minha amiga. Propus, então, a Stepfanie que voltássemos àquele momento da oração no qual ele aparecera. Não íamos desprezar o momento, nem sair dali, tampouco fingir que nada tinha acontecido. Certamente não concordaríamos com ele, nem lhe dedicaríamos tempo em nossa oração. Confrontaríamos o sujeito.

Não, porém, sozinhas. Os opressores são grandes demais para nós. Sugeri que convidássemos Jesus para estar no lugar em que o maltratador estava. Em vez de confrontarmos o sujeito com fraqueza e medo, convidamos Jesus para revelar onde ele estava no meio do confronto.

Stepfanie concordou porque era forte e escolheu não deixar que o medo dominasse sua vida. Oramos de novo e convidamos Jesus para revelar sua presença.

Stepfanie começou a rir. Lembro-me de ter ficado confusa.
— O que foi? — perguntei.

Ela olhou para mim com um grande sorriso abobalhado e disse: — Ele apareceu.

Suspirei de alívio. Às vezes temos de lembrar a nós mesmos que Jesus é real. Perguntei onde ele estava, e então ela explicou o que foi tão engraçado. Jesus apareceu bem no lugar onde eu esperava — entre ela e o maltratador. Mas a graça não estava naquilo. Stepfanie contou que Jesus havia aparecido na forma de uma figura tão grande que ela teve de abraçar sua panturrilha esquerda para suportar a presença dele. "Ele era maior do que eu esperava", disse com um enorme sorriso. "Maior do que *ele* também esperava!" Stepfanie descreveu com alegria e liberdade o que sentiu ao ver seu maltratador valentão e opressor fugir literalmente de Jesus quando ela orou.

O segredo para combater o medo não é evitá-lo nem parar o confronto. Não é fingir que você é mais forte do que é. Não é pensar em quem você é nem se envergonhar de quem você é por causa do medo. Conheço muitas pessoas que pensam que, se fingirem não ter medo, não terão medo. Ou que se envergonham tanto de admitir que sentem medo a ponto de encobri-lo com falsa coragem. Isso nunca funciona. A única coisa que expulsa o medo, assim diz a Bíblia, é o perfeito amor (cf. 1João 4.18). Na história do Êxodo, esse perfeito amor torna-se evidente com a presença de Deus. É Deus quem expulsa o medo.

Quando Moisés pergunta a Deus de que modo vai conduzir o povo de Deus à liberdade, Deus responde: "Eu estarei com você" (Êxodo 3.12). E ele fala sério. A presença de Deus começa a corroer o medo. À medida que Moisés descobre o caráter e a presença de Deus, o medo começa a soltar suas garras, e a fé começa a aumentar.

Ouvi falar recentemente que todos nós vivemos com fé ou com medo. Não gostei quando ouvi isso, pois toca em um assunto delicado, pensei. Mas, se imaginarmos a fé em uma extremidade de uma sequência contínua e o medo na outra, teremos de seguir em uma direção ou na outra. Não há condição de andar nas duas.

O pior medo de Moisés aflorou, sem dúvida, quando o faraó endureceu o coração e exerceu mais pressão ainda sobre os israelitas. Moisés clamou a Deus, e Deus manifestou-se, impondo julgamento sobre o faraó. Cada um dos sinais que se seguiram confrontou um dos deuses do Egito, ídolos que mantinham os egípcios presos no medo. Deus manifestou-se e era maior do que eles esperavam. A presença de Deus apequenou os sistemas de poder e controle do Egito.

E melhor ainda. O sinal da presença de Deus não é apenas julgar o inimigo; é uma expressão de apoio ao seu povo. Essa é a história verdadeira em todo o Êxodo. Depois que o faraó libertou os israelitas e em seguida mudou de ideia, perseguindo-os até as margens do mar Vermelho, Deus manifestou-se ao abrir caminho para Israel continuar seu êxodo e impôs um julgamento final sobre a opressão do Egito. Quando o povo se preocupou com o que ia comer, Moisés pediu a Deus que se manifestasse, e Deus enviou alimento do céu a eles. Literalmente. Do céu. Quando o povo não sabia para onde ir, Deus manifestou-se em forma de nuvem durante o dia e de coluna de fogo durante a noite, para que eles pudessem segui-lo e não se perder no deserto. Penso que você captou a ideia. A presença de Deus é o segredo para banir o medo de nossa vida.

Encontrando a liberdade

De que você tem medo?

O que as outras pessoas pensam? Que é bobagem? Fracasso? Fraqueza? Risco?

Que tal você tentar ir àqueles lugares, em suas orações, em pensamento ou na vida real, e convidar Deus para estar presente ali? Deixe que ele se manifeste no exato lugar onde seu medo está. Deixe que o perfeito amor expulse o medo. Você encontrará o sinal da presença e do poder de Deus quando lhe fizer o convite. Acredite em mim. Ele será muito maior do que você esperava.

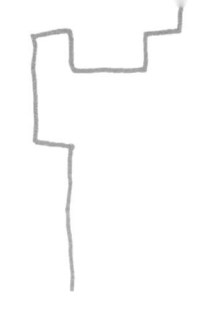

CAPÍTULO 14
Comece agora e com você

> [...] e essa casa somos nós, se é que
> nos apegamos firmemente à confiança e
> à esperança da qual nos gloriamos.
> Assim, como diz o Espírito Santo:
> "Hoje, se vocês ouvirem a sua voz,
> não endureçam o coração, como na rebelião,
> durante o tempo da provação no deserto,
> onde os seus antepassados me tentaram, pondo-me à prova,
> apesar de, durante quarenta anos, terem visto o que eu fiz.
> Por isso fiquei irado contra aquela geração
> e disse: O seu coração está sempre se desviando,
> e eles não reconheceram os meus caminhos.
> Assim jurei na minha ira:
> Jamais entrarão no meu descanso".
>
> HEBREUS 3.6-11

Penso que o oposto de estar em pé é sentar. Talvez seja deitar? Evidentemente é reclinar em uma posição que não seja a vertical. Estava orando outro dia com uma amiga que luta com o que eu (e a maioria das pessoas que conheço) luto: procrastinação. Estávamos orando o clássico salmo 23 ("O Senhor é o meu pastor") e, de repente, entendemos que o contexto do versículo que fala sobre o vale de trevas e morte é *movimento*. O salmista está *andando* pelo vale; mesmo no meio de nossos inimigos, o

Senhor prepara um banquete para nós. O movimento do salmo sugere que nos movemos até em nossos momentos mais tenebrosos. Não deitamos no vale; andamos por ele. Sentamos à mesa que Deus prepara à vista de nossos inimigos, gostamos muito do banquete, levantamo-nos e continuamos a andar. O inimigo nunca tem a palavra final. Nós vamos em frente.

Lembrei-me de uma passagem bíblica à qual recorro e que muito me conforta: podemos descansar à sombra do Todo-poderoso (v. Salmos 91). A imagem é a de um pássaro que cobre os filhotes com suas asas, mas o contexto inclui *movimento* repousante, uma *jornada* segura. Há uma sombra sob a qual podemos repousar *em meio ao* calor escaldante do deserto. Deus oferece alívio no meio da jornada.

A lembrança fez-me pensar em Deus conduzindo-nos a um lugar. Estamos seguindo Deus, e nesse processo há uma mudança sobrenatural: nossa preocupação é substituída por sua paz e presença.

Agora permaneça firme; vou ligar os pontos. Algumas semanas atrás, em um evento, meu marido falou de um convite clássico de Jesus: "Venham a mim, todos os que estão cansados e sobrecarregados, e eu darei descanso a vocês". Amo esse versículo. Só que meu amado marido continuou a leitura: "Tomem sobre vocês o meu jugo e aprendam de mim [...]. Pois o meu jugo é suave e o meu fardo é leve" (Mateus 11.28-30).

O quê? O que o jugo (pense em bois trabalhando no campo) tem que ver com descanso?

O povo de Deus precisou *lutar* para ter descanso. A terra prometida tinha de ser *conquistada*. Quando chegaram àquela terra de descanso, pela primeira vez em uma geração, eles tiveram de cultivar o próprio alimento. Para o povo de Deus, descanso incluía *movimento*.

A salvação, conforme explicada nas Escrituras, sempre inclui movimento. É um jeito de andar, um lugar para entrar, um novo meio de viver.

Temos a tendência de achar que salvação é um evento instantâneo, milagroso. Uma coisa estática que aconteceu conosco. Sem movimentação posterior. Considere como a cultura ao nosso redor poderia reformular o que Jesus diz em Mateus 11: "Está cansado? Tente não fazer nada hoje. Veja televisão e fique à vontade". Talvez seja só eu, mas você já se sentiu melhor depois de um dia assim? Confiamos ao mundo a tarefa de como resolver nossa fadiga, o que é um pouco estranho, considerando que metade dos norte-americanos sofre de depressão.

No entanto, não me interprete mal. Ter um dia de folga é uma ótima ideia, principalmente se incluir tempo para refrescar nossa alma. Um dos Dez Mandamentos que Deus deu aos israelitas é um dia de descanso periódico, com a finalidade de criar um ritmo de refrigério. Aceitamos, porém, a mentira de que uma vida preguiçosa ou de diversão e atividades insensatas nos dará descanso. Não é verdade. Alimente a preguiça, e ela aumentará. Alimente a amargura da solidão, e você sentirá mais solidão. Colhemos o que plantamos.

Então, o que estou dizendo? Levante-se. Saia do lugar. Já. Faça alguma coisa. Escreva. Sonhe. Brinque. Faça uma caminhada por um lugar bonito. Leve seus filhos para um passeio de trem. Vá à academia. Leia a Bíblia. Ore (tente ficar de joelhos só para ser diferente). Não fique deitado. Não faça isso. Levante-se. As Escrituras dizem que devemos estar preparados: há um inimigo rugindo ao redor, "procurando a quem possa devorar" (1Pedro 5.8). Portanto, assim diz Paulo, posicione-se contra o inimigo. Levante-se. Apronte-se para a luta. Prepare-se para a batalha (v. 1Coríntios 16.13). Lute por seu descanso — o descanso verdadeiro, o descanso abastecido espiritualmente. Adicione uma noite inteira de oração à sua agenda lotada. Lanço um desafio a você. Quando Jesus se sentia sobrecarregado, era o que ele fazia (v. Lucas 6.12). Adote uma postura de descanso que esteja empenhada em mudar o mundo. Estou literalmente cantando baixinho a canção clássica "Fui derrubado, mas me levantei; você nunca vai me derrubar de novo" enquanto escrevo estas palavras.

Muitos de nós já fomos espancados. E o inimigo espanca forte. Mas temos de continuar a nos mover. Trata-se de uma batalha. Estamos em guerra. Salvação não é uma oração que guardo no bolso e espero que funcione quando estou com problema. Trata-se de uma nova forma de vida. Portanto, viva-a. Levante-se e abandone o que já sabe. Viva o que já aprendeu. Pare de aprender até ter posto em prática o que já sabe. Levante-se. Prepare-se. Vá.

Jay Leno disse certa vez que não fazia nada para ter um corpo perfeito. Apenas controlava a alimentação e se exercitava. Foi por isso que parei de dar ouvidos ao meu corpo. Recebi recentemente um pacote de cinco sessões diárias gratuitas em uma academia de UFC (Ultimate Fighting Championship). Não se trata de um assunto normal do tipo "venha como estiver". Diferentemente da academia que costumo frequentar, que oferece um "ambiente simples e natural" com macas de massagem após os exercícios, a academia de UFC é um pouco... bom, como posso dizer? — exagerada. É um lugar de treinamento pesado, que exerce muita pressão, um lugar de musculação machista que faz a gente sentir entusiasmo e medo ao mesmo tempo. É quase possível sentir o cheiro de testosterona.

Ora, eu me dediquei a muitas aventuras em diferentes modalidades esportivas ao longo dos anos. Joguei basquete e atuei como treinadora. Corri maratonas durante muitos anos, aventurei-me em treinamentos cruzados para triatlos, e mais recentemente me aventurei com a ioga. (Não se preocupe, mantive o terceiro olho completamente fechado!) Depois decidi fazer uma pausa e dediquei um tempo para descansar e "ouvir o meu corpo", uma lição que me foi recomendada como meio de exercitar outras áreas de minha vida (como emoções e, bem, ouvir o meu corpo). Quero deixar claro que aceitar um espírito mais calmo foi um exercício excelente para mim. Mas acontece que meu corpo *nunca* quer fazer nada.

Bom, essa não é a verdade completa. Quero comer. E muito. Principalmente carboidratos salgados e grandes quantidades de açúcar. Por outro lado, meu corpo é totalmente preguiçoso. Um grande mentiroso. Para ser sincera, se eu desse ouvidos a ele, estaria agora diante da televisão comendo salgadinhos mergulhados em molho.

Parei, portanto, de ouvir o meu corpo. Ingressei no mundo exagerado do UFC com o pacote grátis em minha mãozinha suada e entrei no "campo de treinamento" de cinco dias. Achei que ia morrer. Mas depois do terceiro dia (imagine só!), algo mudou. Meu corpo parece ter acordado. Dê a isso o nome de ressurreição, se achar que deve. Mas, se não acreditar que foi um milagre, preste atenção: no quarto dia, acordei cedo, ansiosa demais para fazer um exercício extra antes de começar meu dia de trabalho agitado. Muito, muito cedo. E gostei demais. Pareceu bom. Revigorou minhas energias. Fez meus quadríceps queimarem e meu cérebro zunir.

O fato é que meu corpo estava totalmente errado a respeito dele próprio. Estava conflituoso e egoísta. Bem, estava preguiçoso. Acontece que meu corpo está quase sempre cansado demais para orar. Cansado demais para colaborar na igreja, cansado demais e exausto para eu me apresentar como voluntária. Quando se trata de exercício físico (e, bom, quase tudo o mais), ouvir o que seu corpo tem a dizer é uma afirmação um tanto exagerada. O corpo sempre mente para nós.

Enquanto os israelitas andaram durante quarenta anos, à espera de entrar na terra prometida, Deus estava ensinando a eles que liberdade não era uma realidade ilusória e extremamente espiritual. Era um modo de vida que necessitava de treinamento. Eles teriam de aprender como parar de pegar para si e começar a dividir com os outros. Teriam de aprender, pelo modo mais difícil, como permanecer dependentes de Deus em vez de assumir o controle deles próprios. Teriam de aprender como adorar a Deus sem tentar controlá-lo. Seria um longo processo, uma jornada não apenas para sair do Egito, mas para o Egito sair deles. Era uma jornada de dentro para fora — a parte mais difícil de toda jornada. É difícil ler um parágrafo no livro inteiro de Êxodo no qual os israelitas não estejam reclamando do que precisavam fazer.

Paulo escreveu aos coríntios: "Mas esmurro o meu corpo e faço dele meu escravo" (1Coríntios 9.27a). Penso que estou entendendo o que ele quer dizer. A dinâmica da academia de UFC ajudou-me a entender o esforço envolvido em nossa liberdade.

O padrão estabelecido por outra pessoa é alto

Às vezes precisamos que outra pessoa acerte o ritmo. Recentemente um instrutor disse que nascemos capazes de fazer determinados movimentos; se não conseguimos fazê-los agora, é porque aprendemos a *não* fazê-los. Quando voltamos a treinar, ele disse, descobrimos o potencial com o qual nascemos.

Para mim, essa afirmação é um pouco parecida com a história do Êxodo. Deus foi um treinador para os israelitas e ajudou-os a aprender o que já sabiam ao nascer.

Minhas aulas na academia de UFC eram dirigidas por treinadores. Eles não acreditavam nas mentiras que meu corpo me dizia. Vamos imaginar Deus como um treinador que sabe muito mais do que sabemos a respeito daquilo que fomos criados para fazer e ser.

Outras pessoas estão fazendo o mesmo

Quando estou sozinha, é fácil convencer-me de que eu deveria desistir e manter a calma. Mas, quando há alguém ao meu lado, pressionando-me a sentir dor e a esforçar-me um pouco mais, bom, é um incentivo convincente.

Nenhum de nós foi feito para seguir carreira solo. Nem mesmo Moisés. Uma das histórias clássicas em Êxodo é quando Jetro, sogro de Moisés, vai visitá-lo e vê Moisés liderando o povo sozinho. Moisés está exausto. Jetro chama-o ao lado e explica-lhe um pouco de comportamento humano e limites básicos: busque ajuda (cf. 18.13-23). Jetro tem razão. Nenhum de nós pode fazer isso sozinho. Somos chamados a ser uma comunidade, a viver dentro de uma comunidade.

As pessoas estão observando

Sei que pode parecer um pouco, digamos, grosseiro. Mas é a verdade. Não posso enganar nem desistir quando há outros olhando. É uma espécie de prestação de contas instantânea.

Há muitas histórias na narrativa do Êxodo nas quais o povo tenta surrupiar, furtar e guardar. Eles são disciplinados repetidas vezes como uma forma da graça de Deus. Treinar o povo a prestar contas faz parte da liberdade.

Há um plano

Em algumas academias, há uma profusão de equipamentos. Sinto-me cansada só de ver o volume e a complexidade deles. Nunca sei o que estou fazendo. É muito desmotivador andar entre eles e tentar escolher um que possa ajudar.

Por isso, a conjuntura maior é muito importante. Um exercício físico especial realizado por um treinador profissional é extremamente motivador. Deus nem sempre explica seus planos para nós, mas podemos nos tranquilizar porque ele tem um plano no qual nos encaixamos. O plano de Deus para os israelitas era torná-los uma nação para representá-lo perante o resto do mundo. O processo era tão grande que eles não conseguiram compreender, talvez até hoje. Mas o segredo para ser treinado de verdade nesse processo é entregar-se à sabedoria e à riqueza do plano de Deus. Deus possui sabedoria e riqueza.

Este não é um comercial de uma academia de UFC. Falo sério. Não recebo nada dela, a não ser dor e suor. Mas a prática de todos esses exercícios levou-me a outras conclusões sobre nosso corpo e espírito. Veja bem, faço um treinamento espiritual nesses moldes chamado Infinitum. (Para mais informações, acesse infinitumlife.com.) É bem parecido com uma academia de UFC, porém voltada para o espírito. Esse treinamento estimulou-me a adotar algumas disciplinas e planos novos para minha vida espiritual que eu não teria feito por conta própria. Alguém estabeleceu um padrão mais alto do que o que estabeleci para mim. Há outras pessoas comigo na caminhada; elas me animam a continuar tentando, a continuar me esforçando, a continuar andando. Outras estão observando. É o que importa. Finalmente, há um plano. Não me canso de ver o volume de métodos de discipulado. É simples, porém difícil. Machuca um pouco, mas sempre da maneira certa. Desperta-me para a possibilidade de uma vida diferente daquela que escolheria se tivesse de definir meus projetos e desejos.

Aceite o que estou dizendo como um pacote grátis e faça uma experiência. Ou ao menos uma tentativa. Trace um plano e comece a pô-lo em prática. Discipline seu corpo até ele render-se, porque há possibilidades de que esteja mentindo para você também. Ele é preguiçoso. Meu físico está cansado de buscar Deus, mas continuarei de joelhos. Quer me fazer companhia?

Encontrando a liberdade

O que você está fazendo para viver em liberdade e sentir o descanso de Deus?

Que disciplinas você pode incorporar à sua vida para permanecer ativo em sua busca por liberdade?

Conhece alguém que o acompanhe na luta para entrar espiritualmente em forma e exija que você preste contas dos resultados?

CAPÍTULO 15

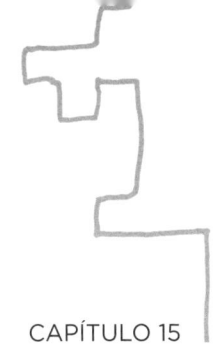

Vivendo com a mão aberta

> Disse, porém, o Senhor a Moisés:
> "Eu lhes farei chover pão do céu. O povo sairá
> e recolherá diariamente a porção necessária para aquele dia.
> Com isso os porei à prova para ver se seguem
> ou não as minhas instruções".
> ÊXODO 16.4

A história do Êxodo está cheia até a borda de lições sobre *suficiente*. Suficiente não é normal para o Egito. Não é normal para nós também.

De vez em quando, parece que estou em um episódio da série *Acumuladores compulsivos*. Você conhece. É o programa que mostra apartamentos e casas de pessoas que colecionam coisas sem parar e não querem desfazer-se delas. Conheço várias pessoas que dormem em sofás porque em sua cama há pilhas e pilhas de caixas, arquivos, livros, instrumentos e outras bugigangas. Não conseguem mais entrar no próprio quarto. Os especialistas no assunto sugerem que se trata de um distúrbio mental. Eu sugeriria que se trata apenas de uma versão extrema daquilo que a maioria de nós padece: ganância.

A ganância é um pouco ardilosa, porque quase todos nós estamos convencidos de que ela é medida pela quantidade de coisas que *possuímos*. No entanto, em qualquer país ocidental desenvolvido, mesmo que estejamos vivendo com o salário mínimo da região ou com o subsídio do governo, continuamos no topo dos 10% das pessoas mais ricas do Planeta.[1] Não estou brincando. Verifique nossa posição em globalrichlist.com.

Ora, só porque somos ricos não significa que somos gananciosos, certo? Qual é o aspecto da ganância?

As bugigangas não nos oprimem necessariamente, mas nossa necessidade delas, sim. A ganância torna cada um de nós seu escravo.

Minha amiga foi missionária por alguns anos em um país muito pobre. No conjunto habitacional onde ela morava, havia várias famílias. Algumas eram naturais daquele país e outras vieram de países ocidentais. Um dos garotinhos (digamos que se chama Johnny) ganhou de presente um triciclo de seu país de origem. Cheio de entusiasmo, ele começou a andar no triciclo ao redor do conjunto habitacional todas as manhãs. Seu amigo nunca vira um triciclo e corria atrás dele, vibrando de empolgação. Depois de um tempo, Johnny cansou-se do triciclo. Foi quando o amigo lhe perguntou: — Posso usar?

Indignado, Johnny respondeu: — Não! — E não desceu do triciclo. Havia alguns balanços por perto, e Johnny viu que poderia fazer algo diferente. Mas não quis compartilhar seu novo triciclo, portanto carregou-o nos braços até os balanços. Não dividiria aquele triciclo com ninguém!

A ganância é mais ou menos assim. É uma recusa firme em dividir algo com outra pessoa. Acreditamos na mentira de que não teremos o suficiente, e a opressão cria raízes em nosso coração. O medo torna-nos oprimidos pelo desejo de ter mais — e também opressores por nossa recusa em compartilhar.

Se formos sinceros com nós mesmos, temos muito em comum com aquele menino com seu tolo brinquedinho.

---

[1] A autora refere-se ao índice de seu país, os Estados Unidos da América. [N. do T.]

Fechamos as mãos em volta de nossos bens materiais e não os cedemos a ninguém. Aliás, fomos ensinados assim. Uma geração inteira está convencida de que estamos de mãos vazias e insatisfeitos enquanto não possuirmos algo que é só nosso. Há um ótimo vídeo (em storyofstuff.com) sobre a conspiração do marketing e do consumismo que nos convenceu dessa mentira.

Evidentemente, sabemos que o oposto é verdadeiro — podemos passar a vida inteira tendo tudo o que queremos (coisas) e ser tão vazios, solitários e perdidos como se ganhássemos uns míseros dólares por dia.

Alguém perguntou ao papa João Paulo II, no fim de sua vida, qual era a maior ameaça à próxima geração. Ele identificou duas: o capitalismo excessivo e a morte de crianças em gestação. Isso é profundo. Quando fazemos a vida girar em torno do dinheiro, da riqueza e do consumismo, acabamos materializando tudo — até seres humanos.

Conversei outro dia com uma jovem. Ela contou que havia feito um aborto porque não podia arcar com as despesas de um bebê. *Você entendeu?* É algo sutil, mas incrivelmente importante: a decisão de preservar uma vida baseou-se no dinheiro. Manter um bebê estava sujeito a uma equação econômica. Quanto vale um bebê?

Não é de admirar que a venda de seres humanos é o crime que mais aumenta no Planeta. Elevamos a ganância a um novo patamar, medindo a vida como se as pessoas fossem dinheiro.

O problema verdadeiro com a ganância é que ela aumenta. Você se lembra de como Madre Teresa respondeu quando lhe perguntaram se ela acreditava em um Deus que permitia que as pessoas passassem fome? Ela respondeu que a pobreza existe no mundo não por causa de Deus, mas por causa dos filhos de Deus que se recusam a compartilhar seus bens materiais. Uau! A ganância aumenta como uma infecção em nós, corroendo-nos por dentro, insensibilizando-nos às necessidades e dificuldades dos outros.

A ganância não é uma ideia nova; é antiga. O ato que rompeu nosso relacionamento com Deus e entre nós começou com Adão e Eva no jardim, quando quiseram o que não podiam ter. A ganância causa guerra, fome, ditaduras e incontáveis vítimas do crime.

Jesus sempre atacou a ganância com excessiva generosidade. Vivia de mão aberta, como costumo dizer. Era liberal. Até a salvação é generosa. Ele a tornou gratuita para quem quisesse recebê-la.

Não estou dizendo que Jesus não recebeu nada; mesmo quando era bebezinho, ele aceitou presentes de valor muito alto. E não estou dizendo que Jesus não tinha dinheiro; ele designou um discípulo só para cuidar do dinheiro. Estou dizendo que Jesus não era *servo* de seu dinheiro, dons, *status* e sucesso. Receber de graça, de graça dar. Essa é a postura de ser mão aberta.

Jesus instrui seus discípulos a adotarem a mesma atitude na vida deles: "Vocês receberam de graça; deem também de graça" (Mateus 10.8b). Tão logo os discípulos entenderam essa ideia radical de ser mão aberta em um mundo de mãos fechadas, é incrível o que passa a acontecer. Milhares de pessoas salvas em um só dia. Prisões abertas milagrosamente. Pessoas curadas, salvas, libertas. Mortos ressuscitam. Pessoas começam a viver juntas e a compartilhar recursos. As Escrituras relatam que os primeiros discípulos entenderam de modo tão claro essa mensagem que em sua comunidade não havia pessoas necessitadas (v. Atos 4.32-35). Resolveram o problema da pobreza aprendendo a viver de mão aberta.

A propósito, este foi o sinal milagroso para os israelitas no deserto: "Quando mediram com o jarro, quem tinha recolhido muito não teve demais, e não faltou a quem tinha recolhido pouco. Cada um recolheu quanto precisava" (Êxodo 16.18). Uau! A jornada, que começara difícil demais para um grupo de escravos oprimidos pelos egípcios, tornou-se uma prática de liberdade diária. Bastava acreditar que Deus os sustentaria e recolher apenas a quantidade necessária. A história do Êxodo mostra-nos uma forma de abandonar a ganância: vemos os israelitas libertos de um opressor ganancioso que se recusa a compartilhar os recursos com eles, mesmo diante do pedido e do convite do próprio Deus. Essa mesma opressão, porém, está enraizada profundamente nos israelitas. O deserto revela tal opressão na vida deles até Deus ajudar o povo a aprender a compartilhar para ser livre. De graça eles receberam, agora de graça aprenderam a dar.

Por que não vivemos assim? Por que não aprendemos um pouco mais sobre esse modo radical de vida? É como o UFC da ganância, um ataque total ao espírito da ganância que procura envolver uma cultura inteira. Que tal adotarmos a generosidade radical de Jesus como modo de vida? Tal atitude causaria um impacto no mundo.

Desde que comecei a ver nas Escrituras essa atitude de viver com a mão aberta — como Jesus vivia de mão aberta —, tenho tentado viver da mesma forma. É difícil, mas prazeroso. Quando meu filho era garotinho, fomos visitar uns amigos que já levavam alguns anos aprendendo como ter esse modo de vida. Eles compartilhavam sua casa com outras pessoas e a abriam para refeições comunitárias — repartindo sua comida e sua família com pessoas que não tinham nem comida nem família. Era uma forma empolgante de viver. Nossos filhos estavam juntos no quarto de brinquedos quando ouvimos o início de uma briga.

— É meu! — ouvimos.

Meu amigo Aaron correu até o quarto e disse ao filho mais velho: — Estou perguntando de novo de quem é este brinquedo?

O menino olhou para o pai e respondeu: — O brinquedo é de Jesus?

— Muito bem — disse Aaron. — E Jesus deixou que você brincasse com ele, certo?

— Certo.

— Você acha que Jesus se importaria se você desse o brinquedo ao seu amigo para ele brincar um pouco agora?

— Está bem.

Problema resolvido.

De que maneira deveríamos educar nossos filhos? Carregar o triciclo deles por medo de que outra criança lhes tire o prazer de usá-lo? Ou considerar essas coisas como recebidas e compartilhadas, vivendo sem medo diante da ganância?

Um dos problemas fundamentais da ganância é a questão da *propriedade*. Pensamos que, por ter comprado ou recebido algo, aquilo nos pertence. Esquecemo-nos de um princípio essencial do Reino: tudo pertence a Deus. Ele compartilha todos os recursos da terra com seu povo. Deus escreveu literalmente essas instruções aos israelitas ao restabelecer obrigações a cada sete anos — eliminar a escravidão produzida pela obrigação. Deus fala que a terra pertence ao Senhor e necessita de descanso. Ele faz questão de que os agricultores não colham tudo para si mesmos, mas deixem para trás alguns grãos e produtos da terra para aqueles que não possuem alimento suficiente. Deus entrega aos israelitas um manual de treinamento para aprenderem o valor da liberdade. Todas essas instruções encontram-se no livro de Êxodo porque tratam de liberdade.

Que grosseria pegar o que nos foi entregue gratuitamente e acumular tudo para nós. Não é apenas grosseria; é podridão. Como se fosse um episódio de *Acumuladores compulsivos*, em que a qualidade de vida das pessoas é diminuída por viverem com a mão fechada, investimos nossa vida em coisas insignificantes e, como consequência, nós a empobrecemos também. Assisti recentemente a algumas cenas de tumultos em uma grande cidade. A maioria dos vídeos que vi não apresentava somente cenas de destruição; apresentava cenas de ganância. Todo mundo, tão logo tinha oportunidade, pegava coisas — tudo o que pudessem carregar. Televisões, computadores, qualquer coisa. Pegavam e corriam. Que péssima imagem de vida gananciosa. Sem nenhuma preocupação com os outros. Sem nenhuma preocupação com o custo que aquilo envolvia para o restante da sociedade. Como crianças pequenas que não aprenderam a compartilhar, suas ações são traídas com uma atitude do "é meu!".

É hora de viver de outra maneira. É hora de ser radical na luta contra a opressão da ganância. É hora de abrir as mãos e compartilhar o que de graça recebemos.

O afrouxamento dessa opressão exige prática intencional. *As ideias* não mudarão nada. É necessário um programa de *ação*. Pensemos em algumas sugestões que poderiam tornar real esse comportamento em nosso dia a dia — um exercício de liberdade, se você concordar.

Adquira o hábito de compartilhar todos os dias

Pratique doar alguma coisa todos os dias. Não precisa ser nada grande — podem ser coisas pequenas — mas compartilhe com propósito. Não precisa ser nada material. Talvez compartilhar sua amizade com alguém que não a mereça. Talvez dividir seu almoço com alguém que não tenha nada para comer. Uma blusa de lã. Um brinquedo. Uma coleção de músicas.

Pratique a hospitalidade

Hospitalidade é a arte de convidar pessoas para ocuparem nosso espaço. É desconhecida pela maior parte de nossa geração. Receber pessoas em nossa casa é ser mão aberta no lugar em que vivemos. Tente incluir alguém desconhecido — alguém que não pertença a seu grupo de amigos.

Lembre-se de sua posição no mundo quanto ao índice de riqueza

Com certeza você pode deixar de comer alguns petiscos para dividir literalmente seu dinheiro com quem não possui nenhum.

Patrocine a educação de uma criança. Coloque a foto da criança em lugar alto onde todos possam vê-la e divulgue a notícia de que podemos doar nosso dinheiro para que outras pessoas possam viver. Observe a revolução acontecer porque você é capaz de viver de forma diferente.

Troque roupas e objetos com outras pessoas

Essa sugestão é uma excelente maneira de combater a necessidade excessiva de comprar cada vez mais. Compartilhe o que você possui. Peça a pessoas amigas que venham à sua casa e tragam alguns pertences e façam um troca-troca de roupas e objetos. É muito divertido, não custa nada e promove compartilhamento. Conheço grupos de pessoas que fazem isso com brinquedos também. Esse procedimento torna a vida mais rica e combate a guerra contra "coisas".

Trabalhe em conjunto

Reúna a família e os amigos e assistam ao documentário *A história das coisas*. Depois meçam sua riqueza usando a lista da riqueza global (globalrichlist.com). Troquem ideias sobre o que podem fazer para combater o hábito da ganância e viver em liberdade. Façam algumas experiências e espalhem a notícia.

Encontrando a liberdade

O que Deus tem oferecido a você?

Com quem você pode compartilhar o que tem recebido?

CAPÍTULO 16

O sábado desafiando a escravidão

> "Lembra-te do dia de sábado, para santificá-lo.
> Trabalharás seis dias e neles farás todos os teus trabalhos,
> mas o sétimo dia é o sábado dedicado ao Senhor,
> o teu Deus. Nesse dia não farás trabalho algum, nem tu,
> nem teus filhos ou filhas, nem teus servos ou servas, nem
> teus animais, nem os estrangeiros que morarem
> em tuas cidades. Pois em seis dias o Senhor
> fez os céus e a terra, o mar e tudo o que neles existe,
> mas no sétimo dia descansou. Portanto,
> o Senhor abençoou o sétimo dia e o santificou."
>
> ÊXODO 20.8-11

Há um livro famoso escrito por um rabino chamado Abraham Heschel. *O Schabat*[1] é um livro pequeno a respeito do poder místico do sábado;[2] seu tom é silencioso, como se Abraham estivesse escrevendo algo sagrado, revelando um artefato secreto e compartilhando seu poder perigoso com o mundo. Quando o li pela primeira vez, não entendi muito bem. Parecia estranho.

---

[1] São Paulo: Perspectiva, 2000. [N. do T.]
[2] *Shabbath* em hebraico, cujo significado é "descanso". [N. do T.]

Achei que deveria dar um pouco mais de atenção à prática do sábado. E descobri que o sábado se torna um grande problema no Êxodo. Não ouvimos falar muito dele antes, além do fato de Deus ter descansado no sábado. Depois de ter criado o cosmo inteiro (e talvez outros — quem sabe ao certo?), Deus descansou. Mas, além de fazer parte do ritmo da criação, o sábado só passa a ser assunto importante após o Êxodo. Aí, sim, ele passa a ser um tema importante, isto é, um assunto de muita, muita relevância. O sábado vem para destacar o significado de ser chamado povo de Deus. Deus registra o sábado por escrito, chama-o santo e diz ao povo que, se não respeitarem o sábado, eles não são seu povo.

Por que esse assunto se torna tão importante nessa história? Por que tem tanto destaque? Qual é a questão?

Eu diria que o sábado é uma forma de desafiar a escravidão. Os escravos, por definição, não podem parar de trabalhar. Sábado significa viver de tal forma que não somos mais escravos.

Os israelitas haviam passado cerca de trezentos anos assimilando o sistema de valores culturais dominantes do Egito. Gerações haviam sucumbido por nunca parar de trabalhar. Era normal trabalhar o tempo todo. A economia agitada e em franco desenvolvimento do Egito exigia trabalho incessante. E o trabalho incessante foi imposto aos israelitas.

Essa é a definição de escravidão. Não parar de trabalhar.

Deus vê seu povo, feito à imagem dele, embora amoldado à imagem do Egito. O povo deveria ser mais parecido com Deus que com o faraó. Deus decide, então, recriá-lo para ser o povo que, no fundo, eles já eram. Precisavam fazer uma jornada. De escravos que eram, passaram a ser parceiros de Deus na criação. De comandados, passaram a sentir-se satisfeitos. Foi então que o sábado se tornou um grande problema.

Veja bem, o sábado é um padrão para a criação. É a forma pela qual um Criador, que não vive constantemente ansioso, nem preocupado, nem obcecado consigo mesmo, trabalha. Trata-se de algo mais que ele. Trata-se da ordem inteira criada. Deus não é um controlador obcecado com seu próprio poder e glória, que não permite que ninguém pare de trabalhar. Ele é um criador que cria por prazer e para a beleza.

Não há nenhuma beleza na escravidão. Ela é funcional, mas não pessoal. Esse não é o Deus que encontramos em Gênesis ou no Êxodo. O sábado não diz respeito a função. Diz respeito a pessoas.

Lembro-me do dia em que meu filho me pediu para ir ao parque e concordei prontamente. Depois ele perguntou se eu levaria meu celular comigo. Disse que sim. Ele pareceu triste. Perguntei-lhe qual era o problema. Ele disse que, quando estou com o celular, não estou *com* ele de verdade. Isso machucou um pouco. Da mesma forma que a verdade machuca antes de nos libertar. Eu me tornara escrava do celular, e essa escravidão estava machucando meu relacionamento com meu filho. O tempo que passava com ele se tornou uma ocasião a mais para eu terminar um trabalho do que simplesmente apreciar sua companhia.

O sábado é um desafio à função. De verdade. É um dia na semana no qual Deus diz: "Não façam trabalho algum. Apreciem minha presença. Apreciem o alimento. Apreciem as pessoas. Priorizem os relacionamentos. Matem o tempo". Até o fato de escrever essas palavras vai contra minha intuição. O motivo? Sou escrava — mergulhada em uma cultura dominante que enobrece a função em lugar do relacionamento, o sucesso em lugar da beleza e o trabalho em lugar da liberdade. Estou no Egito. Sou mais parecida com o Egito que com Javé. E esse é o problema, porque aquele que me fez desenhou meus traços para eu ser semelhante a ele. Eu deveria ser parecida com meu Pai.

Com certeza é por isso que o sábado é o assunto do momento em nossos dias. É como se tivéssemos redescoberto nosso direito inato — como se fosse um tesouro perdido, enterrado há tanto tempo que ninguém sabe onde está. Com certeza há um grito para ser ouvido na opressão da depressão, nos transtornos do sono e nos níveis elevados de estresse (tanto das pessoas quanto da terra). Com certeza há um grito para ser ouvido nas vacas injetadas com hormônios de crescimento para criarem uma gordura artificial ou rápida, porque nenhum de nós pode esperar um dia, uma hora ou um minuto sequer para conseguir o que deseja. Nenhum de nós pode parar de trabalhar — nunca, nem pense nisso —, porque temos a tendência de gostar mais de dinheiro, *status* e sucesso que de relacionamentos, beleza e liberdade.

De repente, eu me vi em uma loja de artigos eletrônicos no fim de semana do Dia do Trabalho.[3] O Dia do Trabalho foi criado nos Estados Unidos como dia de folga para os trabalhadores. Mas naquele fim de semana eu tinha algo que precisava ser consertado. Comentei que provavelmente meu celular só ficaria pronto na terça-feira, após o Dia do Trabalho. O atendente olhou para mim como se eu tivesse acabado de nascer.

— Nós abrimos no Dia do Trabalho.

Lembro-me de ter dito a ele. — Você não sabe por que o Dia do Trabalho é comemorado?

Ele sorriu com sarcasmo e respondeu: — Para eu ganhar um dia e meio de trabalho.

Se tivéssemos de escolher entre um dia de folga uma vez por ano e mais dinheiro no bolso, escolheríamos ganhar mais dinheiro. Claro que sim. Vivemos no Egito.

Quando, porém, a opressão do trabalho sem descanso começa a nos exaurir e passamos a nos curvar sob o peso do "nunca é o suficiente", com o peso do mundo inteiro girando

---

[3] Nos Estados Unidos, o Dia do Trabalho é comemorado sempre na primeira segunda-feira de setembro. [N. do T.]

em torno de nós, vamos em busca de algumas respostas alternativas. E não temos de procurar muito. Basta olhar para o sábado.

O sábado detém o tempo. Aponta para trás e para a frente ao mesmo tempo. O sábado segura firme o futuro que Deus planejou — um futuro de *shalom*. *Shalom* é uma palavra hebraica geralmente traduzida por "paz", cujo significado, porém, é muito mais abrangente. Refere-se a relacionamentos plenos e corretos e a valorizar e viver a bondade. Um erudito diz que se refere ao espaço entre tudo o que está sendo feito corretamente. Pense nisso. O espaço entre tudo. Semelhante ao modo segundo o qual você se relaciona com os outros e os outros se relacionam com você. Semelhante ao modo de você pensar de si mesmo e ao modo de os outros pensarem de você. Os vãos em sua vida através dos quais sua serenidade escorrega (dúvida, medo, ansiedade, depressão), estão todos sendo preenchidos com bondade e paz.

Shalom é a parte primordial do *Shabbath*. Quando o povo judeu comemorava o *Shabbath* sentando-se ao redor da mesa de refeições com a família, apreciando o sabor da liberdade e bondade que existem no espaço entre eles, eles levantam o copo e fazem este brinde: "*Shabbath shalom*". Descanso e paz.

Como sua vida seria se você fosse lembrado o tempo todo de que o mundo não gira ao seu redor? E se você se libertasse de tudo o que o preocupa e da funcionalidade de sua lista de tarefas e passasse um pouco de tempo com o espaço entre as coisas? E se, em vez de agarrar o mundo, trabalhar e correr de um lado para outro, você afrouxasse as amarras e deixasse Deus agir? Como isso mudaria você? Como mudaria os que o rodeiam? Qual seria o efeito sobre sua família? Seus amigos? Qual seria a mudança em seu nível de estresse se você desligasse o telefone e não respondesse aos *e-mails* durante vinte e quatro horas uma vez por semana?

Talvez fosse suficiente para o lembrar de que você não é escravo. Talvez fosse suficiente para o convencer de que o mundo está nas mãos de Deus e o peso dele também. Talvez o liberasse para você prestar atenção ao espaço entre as coisas, não nas coisas em si. Talvez permitisse que a liberdade criasse raízes em você e penetrasse no contexto de sua vida diária. E, se esse for o caso, eu o saúdo: *Shabbath shalom*.

Encontrando a liberdade

O que o impede de descansar no sábado?

Como você pode se organizar para passar um tempo de descanso e paz periodicamente?

CAPÍTULO 17
Permanecendo livre

> "Não neguem justiça ao estrangeiro e ao órfão,
> nem tomem como penhor o manto de uma viúva.
> Lembrem-se de que vocês foram escravos
> no Egito e de que o Senhor, o seu Deus, os libertou;
> por isso ordeno a vocês que façam tudo isso."
> DEUTERONÔMIO 24.17,18

Faço parte do Exército de Salvação. Usamos uniformes com um grande *S* maiúsculo na lapela. Em nosso movimento há um debate interno se o *S* significa "salvo para salvar" ou "salvo para servir". Certa vez, um homem totalmente embriagado entrou sem querer no abrigo que eu dirigia e sugeriu que o significado era "soldado *sexy*". Aceitei a sugestão como um elogio.

Penso que significa "salvo para salvar". William Booth, cofundador do Exército de Salvação, sempre falava sobre a trajetória de liberdade e igualdade na vida dos povos. Dizia que nossa missão era salvar pessoas, mantê-las salvas e capacitá-las a salvar alguém mais. Em outras palavras, tirar uma pessoa da opressão e libertá-la era uma possibilidade de tirar outra pessoa da opressão e libertá-la. Nossa liberdade destinava-se a algo maior que nós.

Essa é uma importante distinção. Veja bem, cresci ouvindo que salvação era eu me salvar *de* coisas. E com certeza é. Mas a salvação é muito mais ampla que isso. A salvação não apenas me liberta de coisas; ela me liberta *para* coisas.

Quando encontrei o amor de Deus pela primeira vez, a garra da opressão em minha vida foi desatada. Comecei a ver as coisas de modo diferente. Eu desejava aventura. Decidi substituir meu apetite por rebeldia pela missão, portanto associei-me a um grupo na África para um projeto de verão. Construímos um orfanato no Malawi no meio de uma fome coletiva. Minha vida se transformou. Até aquela viagem, eu pensava que minha salvação se referia a tirar-me do vício, do crime, da dor e da trajetória de rebeldia. E era verdade. Mas, durante aquela viagem, conduzi acidentalmente outra pessoa a Jesus.

Em uma apresentação do evangelho que descrevo com carinho (e penso que de modo correto) como a pior da história do mundo, entreguei a uma encantadora garota chamada Fátima um folheto explicando o que significava seguir Jesus. Entreguei o folheto porque o grupo missionário ao qual eu pertencia me forçou a entregá-lo. Se eu não cumprisse o meu dever, teria problemas e perderia meu tempo de folga, e eu não queria perdê-lo de jeito nenhum. Estava cansada de ter problemas, por isso entreguei o folheto. Expliquei o que dizia o folheto e, para minha completa surpresa, Fátima quis seguir Jesus. Acredite no que digo: eu não conseguia acreditar. Fiz a coitada da garota assistir a três apresentações do folheto de evangelização, só para ter certeza de que ela o ouvira corretamente.

Depois de tudo, tive uma revelação. Veja, eu acreditava que Deus podia salvar qualquer pessoa. Ele me salvara! Mas o que mudaria minha vida para sempre foi que Deus podia me usar para salvar alguém. Eu, uma pessoa salva, podia salvar outra pessoa. Do passado ao presente. Não fui apenas salva da rebeldia e libertada da opressão; fui salva *para* a salvação. Fui salva para a liberdade. Eu tinha um propósito e havia um plano.

Essa revelação e experiência mudaram minha vida por completo. Antes da escravidão, antes da opressão, antes de toda a confusão do Êxodo, Deus queria que seu povo o representasse na terra. Ele os criou para a terra e para serem exemplos de seu caráter, a fim de que, por meio deles, o mundo inteiro fosse abençoado. Foi assim que José chegou ao Egito antes do início do Êxodo. Ele salvou o Egito porque foi salvo para salvar, e sabia disso. A salvação não foi algo que ele recebeu e guardou para si. Todos os lugares aonde José ia eram abençoados porque ele compartilhava sua bênção com as pessoas ao redor. Desde a casa de Potifar, desde seus companheiros de prisão até finalmente o próprio faraó. José entendeu que foi salvo para salvar.

A salvação não compartilhada é uma negação da liberdade. É egoísmo, e o egoísmo é o motor da opressão.

Anos atrás, minha amiga foi liberta da prostituição de rua. É uma história longa e bela de livramento da opressão. A graça fluiu e o céu manifestou-se na terra. Uma história de salvação que ainda é tão encantadora que me faz chorar. Na semana antes do Natal, ela me perguntou se podíamos usar nossa caminhonete de evangelização no Dia de Natal para visitar suas velhas amigas, ainda presas nas garras das ruas frias e fatigantes daquela cidade no norte do Canadá, ainda cativas da opressão da prostituição. A ideia encantou-me e perguntei se poderíamos levar alguns presentes para oferecer a elas como lembrancinhas de Natal. Radiante, ela disse com um sorriso abobalhado: "Eu já comprei". Naquele Dia de Natal extremamente frio, testemunhei a liberdade em sua forma mais admirável quando ela entregou os presentes escolhidos com muito carinho, com mensagens manuscritas de amor e esperança a cada mulher que pudemos encontrar. Não foi apenas a evidência de alguém cuja vida havia sido salva da opressão; foi também a beleza de alguém cuja vida havia sido salva para a liberdade.

A liberdade é *para* algo. É um convite para viver de outra maneira. Para demonstrar outro tipo de Reino que está vindo ao mundo. É uma liberdade que diz que a opressão jamais terá a última palavra.

Se acreditarmos que a liberdade se restringe apenas a nós, corremos o perigo de começar de novo todo o ciclo de opressão. Acomodação, negação, orgulho, medo, concessão — e tudo começa novamente. O ciclo só será quebrado permanentemente quando percebermos não apenas *do que* fomos salvos, mas *para que* fomos salvos.

Em sua jornada rumo à liberdade, os israelitas tiveram de manter os olhos e a vida focados na terra prometida e em uma vida diferente. As leis que Deus transmitiu por meio de Moisés foram todas sobre como tratar os outros com imparcialidade e justiça. Eram cheias de equidade econômica e justiça social — atuavam como marcos constantes para movimentar o povo de Deus a fim de descobrir não apenas que eles estão livres do Egito, mas que também estão livres para um propósito.

Quando sabemos que não fomos salvos apenas de algo, mas também para algo, somos libertos para realizar a verdadeira obra de trazer o Reino de Deus ao mundo. A jornada não será fácil nem rápida. Exigirá muito tempo, esforço e energia. Mas valerá a pena.

Lembro-me de ter ido à Bondi Beach, em Sydney, durante uma visita à Austrália. Essa praia é famosa pelo surfe, por isso fui a uma locadora na praia e pedi uma prancha de surfe. Depois de uma série de perguntas e de terem percebido que eu só havia surfado em filmes (sou fã ardorosa de *Caçadores de emoção* e *A onda dos sonhos*), eles me relegaram a um *boogie board*[1] e disseram que eu devia permanecer entre as bandeiras. Fiquei arrasada.

---

[1] Ou *bodyboard*. Modalidade esportiva na qual o atleta desce a onda deitado ou de joelhos, em cima da prancha. [N. do T.]

Minhas esperanças de surfar foram frustradas. Mas não me senti destruída; decidi arriscar-me na aventura do *boogie board*.

Explicando melhor, quero dizer que quase morri nessa aventura. Depois de ter sido espancada por algumas horas pelo puro e simples poder do mar e das ondas, parei e fui conversar com um surfista de verdade na praia.

Perguntei-lhe qual era o segredo de um bom surfe. O que ele me disse foi mais que uma informação; foi uma revelação: o segredo de um ótimo surfe consiste em trabalho e espera.

Isso é difícil de engolir quando somos atraídos pela história das ondas. Os surfistas são apaixonados pelas ondas — o momento em que todo o trabalho e espera chega ao ponto culminante nessa força incrível, maior que eles, o momento que eles aproveitam e usam para se impulsionar em uma experiência antigravitacional que detém o tempo. O que acontece quando eles pegam a onda é "épico", é "show". Você já viu? É simplesmente mágico.

No entanto, é necessário trabalho para pegar uma onda. E inclui espera. Todas as vezes.

Naquele dia, na praia, percebi algo realmente importante. O ministério é semelhante ao surfismo.

O momento em que Deus se manifesta é indescritível. Quando conduzi Fátima a Jesus, por acaso, na África — a primeira vez que alguém decidiu seguir Jesus depois de eu ter contado a boa-nova de que isso é possível —, tive a sensação de que o tempo havia parado, que toda a terra permanecia imóvel, que Deus descera e tudo em mim estava completa e totalmente vivo. Na verdade, é exatamente isso que acontece. Veja bem, as Escrituras usam duas palavras para tempo: *chronos* e *kairós*. *Chronos* é uma medida de tempo em quantidade. É o tempo que medimos. Os calendários marcam o *chronos*, os relógios mantêm-nos no *chronos* e a vida gira em torno dos segundos, minutos, horas, dias, semanas e anos do *chronos*. Trabalhamos e esperamos no *chronos*. O tique-taque do *chronos* é inevitável.

Passamos a maior parte da vida assim. Cada herói, cada reformador, cada personagem bíblica, cada celebridade que já existiu na face deste planeta preso ao tempo, passou a maior parte do tempo no *chronos*. Trabalhando e esperando.

A história do Êxodo aconteceu no *chronos*, em tempo real. Um comentarista calculou que, para um milhão e meio (no mínimo) de israelitas atravessarem o mar Vermelho, a travessia duraria perto de um mês. Trabalhar e esperar é tempo quantitativo. Segundos somam minutos, que somam horas, dias, meses e anos de trabalho e espera. E, para os israelitas, uma longa caminhada.

De repente algo acontece. Você sabe disso tanto quanto eu. Você trabalha com alguém durante vários anos e acha que perdeu a oportunidade de evangelizá-lo. Então há um momento, uma reviravolta. Talvez um pássaro azul, ao passar voando sobre ele, deixe cair uma "sujeira" em sua cabeça e, enquanto ele limpa a tal sujeira, tudo o que você lhe falou vai se encaixando aos poucos no lugar e ele passa a entender! Revelação! No sentido espiritual, ele foi salvo, liberto e envolvido em um grande momento. O tempo parou, e algo mágico aconteceu!

Isso se chama *kairós*. É o tempo no qual Deus trabalha — tempo medido em qualidade, não em quantidade. É "o tempo de sua vida". Ninguém nunca pergunta a você quanto dura a sua vida; é uma questão de qualidade, não de quantidade.

O *kairós* explica por que Deus está sempre presente, por que *agora* é o tempo e por que *hoje* é o dia da salvação. Deus sempre mede o tempo de modo diferente de nós — onde estamos presos (deste lado da eternidade) no *chronos*, ele é *kairós*.

Se somos surfistas de verdade — não aspirantes, mas pessoas dispostas a dedicar tempo para trabalhar e esperar —, temos de estar atentos aos dois tipos de tempo. Deus está tanto no *kairós* quanto no *chronos*, e nós também. Como os israelitas, nossa jornada não é apenas um belo momento, mas um modo de vida totalmente novo, uma longa caminhada.

Não ouvimos os surfistas e os pregadores falarem muito de trabalho e espera. Amamos o *kairós*. Mas a verdade é que passamos a maior parte da vida no *chronos*.

No decorrer de 2016, o Senhor começou a desafiar-me a falar mais sobre o trabalho e a espera. Devo fazer você se lembrar dos momentos entre os momentos *kairós*, quando o povo de Deus atravessou desertos, ficou na prisão, naufragou, foi derrotado, decapitado e se sentiu desorientado. Estou falando mais dos momentos *chronos* quando estou extremamente insatisfeita por ter de pregar mais uma vez, pegar mais um voo, deixar meus filhos ou falar ao telefone com outra pessoa desesperada com um problema enquanto estou com minha família no parque. Quero dizer a você mais sobre as horas e horas que passo orando, trancada em um quarto de oração, de onde não posso fugir da inevitabilidade maçante de minhas dúvidas, medos e pedidos patéticos. Quero compartilhar com você sobre as conversas infindáveis e aparentemente circulares que tenho vezes e mais vezes com as mesmas pessoas a respeito dos mesmos problemas.

Às vezes sou tentada a pensar que a onda é invenção minha. Outras, penso que a espera e o trabalho nunca terminarão. Mas então, no momento preciso — na plenitude do tempo — um momento *kairós* interrompe a monotonia do meu *chronos*, e estou em pé e surfando a onda. Verdadeiramente épico.

Se você ler a história do Êxodo com essa ideia em mente, verá isso por toda parte. A caminhada, a espera, a montagem da Tenda, a programação para o conselho de Moisés sobre assuntos diários — a inércia. A vida em tempo real. E então chega o *kairós* e tudo se torna claro. Um momento épico interrompe a realidade monótona. Toda a jornada vale a pena.

Você só pode ter a onda quando tem o tempo. Se não consegue nadar, não consegue esperar, não consegue equilibrar-se, então não pode surfar. Quando a onda chegar, você será jogado na praia. Surfar é mais que um corte de cabelo da hora, uma gíria maneira e roupas descoladas. Não é para quem finge ser o que não é. É ser o povo de Deus na terra. É para o povo que se compromete com o trabalho, que ama a onda o suficiente para treinar e passar o tempo equilibrando-se nos lugares certos, nos momentos certos.

Conheço muitas pessoas que veem alguém surfando e pensam que é fácil. Quando tentam, acabam como eu em uma *boogie board* na Bondi Beach. São vencidas pela exaustiva realidade de tentar dominar o surfe. Sério.

Foi então que descobri. Os surfistas de verdade amam *o tempo todo* estar no mar. Assim que entram na água, aprendem a nadar, remam e permanecem na prancha, sentem o ritmo e aprendem a ler as placas e os sinais do mar — os surfistas verdadeiros amam isso *tudo*. Esquecem que surfe é espera e trabalho. Eles amam o pacote inteiro.

Deus está à procura de pessoas que amem o pacote inteiro.

Deus não está apenas no momento *kairós*. Está em cada momento. Está esperando e trabalhando. Está usando cada evento e cada coisa em sua vida para realizar seus propósitos nela. Está aumentando sua fé, esticando sua esperança, incutindo esperança em você, erguendo-o com alegria. Está treinando e usando você — e surfando com você.

Seguir Deus é quase sempre um trabalho difícil. Você precisa passar muito tempo nadando contra a correnteza. Nadar contra a correnteza é quando você pensa que o estudo bíblico em sua casa, ao qual compareceram apenas três pessoas, é um fracasso e que a noite toda foi perda de tempo. Quando você está contando a alguém sobre sua liberdade recém-descoberta e sente vontade de parar de falar porque parece que não está dando certo. Quando o arrependimento de não ter agido corretamente ressoa em sua cabeça durante dias. Quando você se pergunta por que está passando duas noites por semana trabalhando como voluntário para ajudar os outros e não consegue encontrar tempo para sair com seu cônjuge. Todos esses momentos e todas essas pessoas que, para você, são perda de tempo fazem parte do mar. Fazem parte do padrão épico e definitivo de Deus. É o Reino de Deus vindo à terra. Tudo isso.

Portanto, vou voltar ao treinamento para surfar no estilo do Reino.

- Comprometo-me a ser uma seguidora verdadeira de Deus — não fingir ser alguém que não sou. Não me refiro a um corte de cabelo ou a um jargão. Não me refiro à imagem ou à badalação. Refiro-me à substância. Consigo nadar? Consigo remar? Consigo chegar a uma distância mesmo contra a correnteza?
- Vou praticar. Não vou desprezar os pequenos começos. Não vou me desanimar se a onda bater com força em mim e eu cair. Vou subir de novo na prancha e tentar mais uma vez. Vou usar cada oportunidade para aumentar a substância de minha fé exigida para cada momento *kairós*.
- Vou ser disciplinada. Isso exigirá que eu acorde cedo para orar. Que eu leia de fato a Palavra de Deus para saber o que ele quer me dizer. Que eu estude e aprenda a cultura e me envolva nela. Que eu preciso ter um físico à altura do desafio.
- Vou falar com frequência sobre a onda. Vou ver os outros surfando — com anseio e desejo, sim, mas também com temor e tremor. Vou ouvir com atenção e alegria as histórias do *kairós* dos outros, porque todas as vezes que

Deus se manifesta a outra pessoa é sinal de que ele se manifestará a mim também. Vou ajudar os outros a se apaixonarem por Deus, falando sobre seu poder extraordinário e a revelação de seu amor.

- Vou tentar e não vou parar de tentar. Vou bater nas portas das casas, parar nas esquinas e sentir inúmeras vezes que não passo de uma idiota quando falar com pessoas que parecem frias demais para mim. Vou cair e não vou parar de cair se isso significar que conseguirei, ao menos uma vez, me equilibrar na prancha durante uns momentos. Vou colidir com a onda e quase me afogar se necessário para aprender a ficar em pé na prancha e surfar.

- Vou apreciar o mar. Vou escolher ver o tempo da perspectiva de Deus. Comprometo-me a apreciar a jornada — a considerá-la alegria pura, mesmo nas provações, estar presente no plano de salvação que Deus tem para este mundo.

- Vou gastar tempo. Todo o tempo que eu puder gastar no mar. Treinar, esperar, equilibrar, aprender, tentar, nadar — trabalhando e esperando.

- Vou lembrar a mim mesma que o surfe não pode ser aprendido em livros, na internet, em um artigo ou em um filme. Há apenas uma forma de aprender a surfar: é preciso entrar no mar. Vou ministrar. Evangelizar. Orar. Servir. Guardar o sábado. Doar. Acreditar. Vou *fazer*, não dizer que vou fazer, não ler como fazer, não ouvir alguém fazer, censurando-me por não ter feito. Vou sair do lugar e fazer.

- Vou aprender a surfar quando *ninguém estiver vendo*. Não estou falando do que as pessoas pensam de mim nem de que receberei o maior retorno positivo ou o melhor desempenho. Estou falando de mim e do mar. Trata-se de uma batalha particular. Quando me sentir

realmente bem, não vou me importar mais com quem está vendo. Vou me perder no mar — ser capturada pela onda.
- Vou sentir orgulho de ser chamada de surfista. Vou me identificar completamente com o chamado de Deus para minha vida. Não vou me desculpar por não ser igual aos outros ou viver de modo diferente deles. Vou parar de pensar que estou errada quando me sinto exausta e irritada. Vou aceitar o chamado e o convite de Deus. Essa será a minha alegria.

O começo e o fim da história do Êxodo são relativamente fluentes. Será que a história começa com Moisés diante do faraó? Diante da sarça em chamas? Boiando em um cesto no Nilo? Começa com a coragem das parteiras que desafiaram uma ordem irracional ou com a ousadia de um prisioneiro que interpretou o sonho do rei?

Termina quando os israelitas saem do Egito ou entram na terra prometida? Como costumo dizer, a história do Êxodo é fluente. Mas há inegavelmente um grande momento no meio da história, quando o povo de Deus dá um grande suspiro coletivo e dá também um passo em direção às águas turbulentas. Esse é outro passo na transição do tempo *chronos* — até que de repente as águas se dividem e eles começam a surfar no tempo *kairós*. Deus está ali. Deus está com eles. Eles são livres. Vivendo não apenas a lembrança de um momento de liberdade, mas vivendo a liberdade definitiva — nunca mais serão escravos.

Encontrando a liberdade

Você é capaz de assumir os compromissos apresentados aqui?

Quem pode fazer companhia a você nesse convite para esperar e trabalhar, confiando que Deus está com você e o conduzirá aos momentos *kairós* que ele está preparando?

Agradecimentos

A Claudio Oliver, que me fez começar a fazer todas as perguntas certas a respeito do Êxodo.

A David Zimmerman, por ser um editor simpático, bondoso e extraordinário.

A Joyce Ellery, que se recusou a desistir da ideia de liberdade para a minha vida.

Ao Exército de Salvação, por ter iniciado uma trajetória de liberdade na genealogia de minha família.

A Kristine, que sempre me diz a verdade.

A Stephen Court, que me incentiva.

A Amy e Stacy, por serem minhas parceiras no Infinitum.

A Doreen, por ajudar-me a ter liberdade para escrever.

E a muitas outras pessoas cujas vidas me impactaram e que continuam a lutar no *chronos* para que a liberdade chegue, e a vida verdadeira também.

Esta obra foi composta em *Adobe Garamond Pro*
e impressa por BMF Gráfica sobre papel
Offset 75 g/m² para Editora Vida.